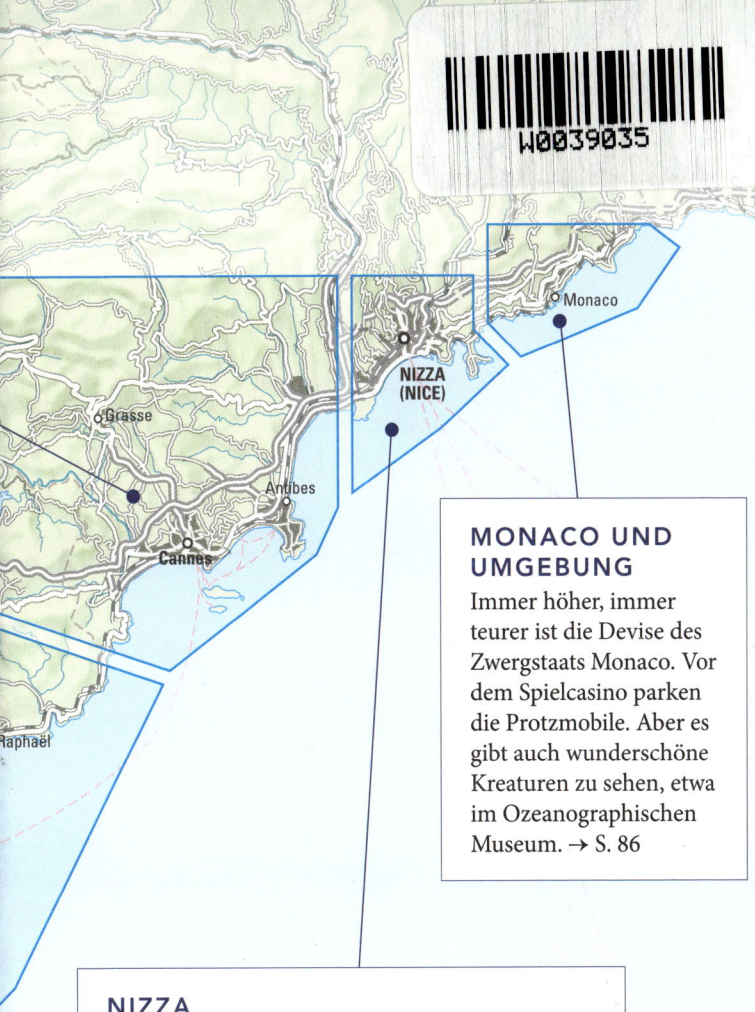

Monaco

NIZZA
(NICE)

Grasse

Antibes

Cannes

Raphaël

MONACO UND UMGEBUNG

Immer höher, immer teurer ist die Devise des Zwergstaats Monaco. Vor dem Spielcasino parken die Protzmobile. Aber es gibt auch wunderschöne Kreaturen zu sehen, etwa im Ozeanographischen Museum. → S. 86

NIZZA

In der größten Stadt an der Côte d'Azur lässt es sich gut bummeln, durch die hübsche Altstadt ebenso wie auf der Promenade des Anglais. Moderne Kunst steht hier nicht nur im Museum, sondern auch an Haltestellen der Tram. → S. 56

KARTEN UND PLÄNE

MERIAN
Reiseführer

Côte d'Azur

Ulrike Koltermann | Gisela Buddée

SALUT, CÔTE D'AZUR!

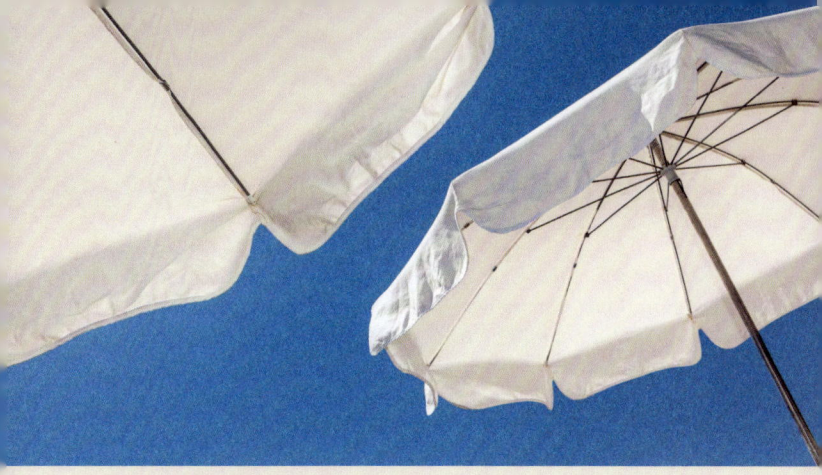

DIE THEMEN DER REGION

AUSFLÜGE UND WANDERUNGEN

MEINE CÔTE D'AZUR

Blaue Küste der Gegensätze: sandige Strände, bergiges
Hinterland. Dörfer wie Adlerhorste, mondäne Küstenorte.
Schaulaufen an der Croisette, Meditieren auf der Kloster-
insel. Und alles wird von jenem Licht bestrahlt, das seit
Generationen die Künstler begeistert.

In Paris hört man bisweilen, die Côte d'Azur habe ihren
Charme längst verloren. Sie sei zubetoniert, zu voll und zu
teuer. Das mag stimmen, hängt aber ganz davon ab, wann und
wo man hinfährt. Ich mag die blaue Küste trotzdem. Und ich
bin immer wieder überrascht, was für wunderschöne Ecken es
gibt und wie nahe die Gegensätze oft beieinander liegen.

Mich bezaubern die Märkte, vor allem im Frühjahr, wenn es
Spargel und Erdbeeren gibt, aber auch im Spätsommer, wenn
die grünen und lila Feigen reif sind. Mir gefallen die Legenden
der regionalen Heiligen, die an der Küste angeschwemmt worden sein sollen und deren Reliquien in den Kirchen verehrt werden. Meine Lieblingsorte sind die Alpenausläufer im Hinterland
von Nizza und die Berglandschaften L'Esterel und Les Maures,
wo deutlich weniger los ist als an der Küste. Aber ich spaziere
auch gerne über die Croisette in Cannes oder die Promenade
des Anglais in Nizza und beobachte die Menschen dort.

Mehrere Jahre war ich als Journalistin auf dem Filmfestival
in Cannes und habe es sehr genossen: Wenn morgens um halb
neun der erste Film mit der Melodie aus dem »Karneval der
Tiere« beginnt, wenn man zwischen zwei Terminen ein Thunfisch-Sandwich am Strand isst und das Olivenöl die Finger
hinunterläuft oder wenn auf dem roten Teppich die verrücktes-
ten Abendkleider zur Schau getragen werden. Mein Sohn war im
Vorschulalter auch einmal auf dem Festival. Sein Geheimtipp:
die ferngesteuerten Boote in einem Becken auf der Croisette.

Mein Geheimtipp sind eher die Museen, die oft den Künstlern gewidmet sind, die Licht und Farben der Côte d'Azur auf
ihre Weise eingefangen haben. Renoir, Matisse, Picasso – sie

Das intensive Licht, für das die Côte d'Azur berühmt ist, lässt das Blau des Meeres und die bunt bemalten Fischerboote strahlen.

alle haben in der Region gelebt und ihre Spuren hinterlassen. Und ich mag diese wunderbaren Orte, an denen man sich von zeitgenössischer Kunst inspirieren oder provozieren lassen kann, etwa die Fondation Maeght oder das MAMAC in Nizza.

Den Besucherströmen entkommt man am besten, wenn man außerhalb der Hochsaison an die Côte d'Azur reist, die gerade dann ihren ganz besonderen Charme hat. Saint-Tropez ist an einem verregneten Wintertag geradezu idyllisch, und nichts passt besser dazu als ein Stück der legendären *Tarte Tropézienne*. Und wenn in Paris noch Daunenjacken getragen werden, blühen an der Côte d'Azur schon die Mimosen, und man kann seinen Café in der Sonne draußen trinken.

Dr. Ulrike Koltermann lebt seit 2007 in Paris und fährt immer wieder gerne an die Côte d'Azur, am liebsten im Winter, wenn es ruhiger ist, oder zum Filmfestival in Cannes. Sie studierte Theologie in Bonn, Jerusalem und Toulouse und promovierte über die Diplomatie des Vatikans. Sie war als Korrespondentin der dpa in Nairobi und Paris tätig und arbeitet seit 2011 als Buchautorin und TV-Producerin.

Beliebter Treffpunkt zum Sonnenuntergang: Quai Rauba Capeu, der Quai der »Huträuber«, am Fuß des Burgberges in Nizza.

DER ERSTE BLICK AUF
DIE CÔTE D'AZUR

★ MERIAN TOP 10

Das sind sie – die Sehenswürdigkeiten, für die die Côte d'Azur weit über ihre Grenzen hinaus bekannt ist.

★1 Domaine du Rayol
Exotische Landschaften laden zum Weltenbummel zu Fuß: Hier wachsen südafrikanische Zuckerbüsche neben chilenischen Puya und australischen Eukalyptusbäumen. → S. 36

★2 Altstadt von Nizza
Enge Gassen mit Häusern in warmen Farben, hier und da eine barocke Kirche – da fühlt man sich schon fast wie in Italien. Für das leibliche Wohl sorgen gute kleine Restaurants, die Mittelmeerküche auftischen. → S. 58

★3 Küstenweg, Saint-Jean-Cap-Ferrat
Der beste Zugang zur Halbinsel mit den Luxusvillen: Felsige Buchten, vom Wind verwehte Kiefern und eine herrliche Aussicht auf das Meer und den Leuchtturm. → S. 83

★4 Musée Océanographique, Monaco
Draußen wachsen Betontürme in den Himmel, drinnen schweben durchsichtige Quallen und flitzen bunte Fische durchs Wasser. Und niemand grinst so zufrieden wie die Wasserschildkröten, die gemächlich ihre Runden drehen. → S. 91

★5 Roquebrune-Cap-Martin
Das charmante Dorf klebt an seinem Felsen rund um die Burgruine aus Karolingerzeit. Die Gassen sind eng und steil und die Restaurants einen Besuch wert. → S. 110

★6 La Croisette, Cannes
Während des Filmfestivals ist die Promenade eine einzige Bühne. Zu anderen Zeiten lässt es sich hier gut auf den blauen Metallstühlen in der Sonne sitzen. → S. 116

Seit 1966 beherbergt das Schloss Grimaldi in Antibes Bilder, Keramiken und Skulpturen von Picasso, der 1946 die obere Etage des Gebäudes als Atelier nutzte.

7 Musée Picasso, Antibes
Meeresfrüchte und originell zusammengesetzte Frauenkörper hat Picasso in Antibes mit Bootsfarben gemalt. Das Museum ist in seiner alten Werkstatt im Schloss eingerichtet. → S. 131

8 Fondation Maeght, Saint-Paul-de-Vence
Markante Museumsgebäude mitten in einem Kiefernhain. Zu den Skulpturen von Miró, den Mosaiken von Chagall und den zeitgenössischen Künstlern passt es. → S. 147

9 Port de Saint-Tropez
Am Hafen von Saint-Tropez liegen die teuersten Jachten, und es macht Spaß, im Café Senequier – zwar hochpreisig, aber der beste Beobachtungsposten überhaupt – zu sitzen und jenen zuzuschauen, die so gerne gesehen werden wollen. → S. 164

10 La Plage de Pampelonne
Ein Laufsteg, auf dem man besser barfuß läuft. Oder sich gleich auf eine der gepolsterten Liegen räkelt, die ebenso wie die scheinbar schlichten Fischlokale ihren Preis haben. → S. 173

⚑ MERIAN EMPFEHLUNGEN

Ungewöhnliche Perspektiven, charmante Orte und feine Details versprechen besondere Augenblicke.

1 MAMAC, Nizza
Freche Sprüche von Ben und immerblaues Blau von Yves Klein: die Kunstrebellen der 1960er-Jahre im MAMAC. → S. 68

2 Chez Theresa, Nizza
Hier sollte man sie probieren: »socca«, die im Ofen gebackenen Fladen aus Kirchererbsenmehl und Olivenöl. → S. 74

3 Villa Kérylos, Beaulieu-sur-Mer
Wie bei den alten Griechen, aber moderner Komfort. → S. 80

4 Marché Forville, Cannes
Die Marktstände halten alle Zutaten vor, die man für die mediterrane Küche braucht. Frischer geht es nicht. → S. 121

5 Cinema de la Plage, Cannes
Strandkino in Cannes: im Liegestuhl sitzend, die Füße im Sand, Filmklassiker sehen. Gratis während des Filmfestivals. → S. 121

6 Keramik aus Vallauris
Wo Picasso das Töpfern entdeckt hat, kann man originelle Vasen, Teller und Skulpturen kaufen. → S. 125

7 Chapelle du Rosaire, Vence
Matisse' Meisterwerk: ein Spiel aus Licht und Farben. → S. 144

8 Kochkurs im Restaurant L'Amandier, Mougins
Vom Küchenchef die Geheimnisse der mediterranen Küche lernen und anschließend gut speisen. → S. 157

Mimosen lassen an der Côte d'Azur bereits im Januar Frühlingsgefühle aufkommen, hier in Bormes-les-Mimosas, benannt nach den leuchtend gelben Blumen.

CÔTE D'AZUR KOMPAKT

Amtssprache: Französisch
Regionalsprachen: Provenzalisch, Nissart, Monegassisch
Einwohner: 2,1 Mio. (Alpes-Maritimes und Var), 38 300 (Monaco)
Größte Stadt: Nizza (340 000 Einwohner)
Internet: www.tourisme paca.fr
Religion: überwiegend katholisch
Universität: Nizza Sophia-Antipolis

Lage und Geographie

Die Grenzen der Region sind unscharf. Der Schriftsteller Stéphen Liégard, »Erfinder« der Côte d'Azur (→ S. 22), schrieb in seinem Reisebericht auch über Toulon, Marseille und das italienische Genua. Heute sind üblicherweise die Küstenstreifen der beiden Départements **Var** und **Alpes-Maritimes** gemeint. Die bekanntesten Orte sind von Ost nach West Menton, das Fürstentum Monaco, Saint-Jean-Cap-Ferrat, Nizza, Antibes, Cannes und Saint-Tropez. Für die französische Verwaltung gehört die Côte d'Azur zur Region **PACA** – Provence-Alpes-Côte d'Azur –, eine wenig attraktive Abkürzung, für die man bisher vergeblich einen griffigeren Namen gesucht hat. Anglophone sprechen von der »French Riviera«.

Bevölkerung

An der Côte d'Azur wächst die Zahl der Einwohner schneller als anderswo in Frankreich, vor allem wegen der **Rentner**, die es in den sonnigen Süden zieht. In den beiden Départements liegt der Anteil der über 60-Jährigen bei knapp 30 Prozent, im Land insgesamt bei 24 Prozent.

Wegen der hohen Immobilienpreise an der Küste ziehen Franzosen der Mittelschicht eher ins Hinterland. In vielen Orten gibt es überdurchschnittlich viele **Zweitwohnsitze**, sodass sie in der Nebensaison wie ausgestorben wirken. Viele Luxusvillen werden von Ausländern gekauft, etwa aus Russland oder den Golfstaaten. Monaco ist mit 20 000 Einwohnern pro Quadratkilometer der am dichtesten besiedelte Staat weltweit.

Die Märkte an der Côtes d'Azur ziehen mit ihren frischen Waren einheimische Käufer ebenso an wie Reisende. Hier ein Obststand am Cours Saleya in Nizza.

Politik

Der Süden Frankreichs ist eher konservativ geprägt. Ein bekannter Politiker aus der Region ist **Christian Estrosi**, langjähriger Bürgermeister von Nizza und zeitweise Präsident der Region PACA. Er hat u.a. dafür gesorgt, dass NIzza mit zahlreichen Überwachungskameras ausgestattet wurde. Die Stadt hat zudem während des Karnevals 2018 erstmals die Technologie der elektronischen Gesichtserkennung eingesetzt.

Auch die rechtspopulistische Partei von **Marine Le Pen**, Rassemblement National (früher Front National), ist im Süden gut verwurzelt.

Bei den Kommunalwahlen 2014 eroberte sie erstmals drei Gemeinden im Var: Le Luc, Cogolin und Fréjus. 2020 kamen weitere Orte hinzu.

Das Fürstentum Monaco ist eine konstitutionelle Monarchie, die nicht der EU angehört. Sie wird von **Fürst Albert II.** regiert.

Tourismus

Die Côte d'Azur zieht schon seit Ende des 19. Jahrhunderts Touristen an. Erst waren es vereinzelte Briten, heute sind es jährlich etwa **13 Millionen Besucher** im Département Alpes-Maritimes, einem Teil des Var und Monaco. Die Hälfte von ihnen kommt aus dem Ausland, wobei die Deutschen nach Italienern, Briten und Amerikanern an vierter Stelle stehen.

Der Tourismus ist der wichtigste Wirtschaftsfaktor in der Region und macht ca. sieben Milliarden Euro aus. Jedes zweite Hotelzimmer gehört zu einem Vier- oder Fünf-Sterne-Hotel. Im Unterschied zu den Anfängen des Tourismus an der Côte d'Azur hat sich die **Hochsaison** in den Sommer verlagert, eine Reise im Winter hat jedoch ihren ganz besonderen Charme. Nizza und Cannes haben sich zudem auf Kongresstourismus eingestellt.

Verkehr

Die Region ist gut angebunden: Der **Flughafen Nizza** ist nach Paris der zweitwichtigste in Frankreich. Der **TGV-Schnellzug** braucht zwischen Paris und Nizza etwa fünf Stunden – knapp dreieinhalb zwischen Paris und Marseille, und dann geht es mit deutlich geringerer Geschwindigkeit an der Küste entlang. Wer mit der eigenen Yacht kommt, hat die Wahl zwischen 35 verschiedenen Häfen, die insgesamt mehr als 18 000 Ankerplätze bieten.

Der **öffentliche Nahverkehr** an der Côte d'Azur kann sich sehen lassen. Mit den Re-

Klima (Mittelwerte)

	Januar	Februar	März	April	Mai	Juni	Juli	August	September	Oktober	November	Dezember
Tagestemperatur	12	13	15	17	20	24	27	27	25	21	17	13
Nachttemperatur	4	5	7	9	13	16	18	18	16	12	8	5
Sonnenstunden	5	6	6	8	9	10	12	11	9	7	5	4
Regentage pro Monat	9	7	8	9	8	5	2	4	7	9	9	9
Wassertemperatur	13	12	13	14	16	20	22	23	21	19	16	14

gionalzügen erreicht man alle Küstenorte. Zudem ist das Busnetz der Lignes d'Azur sehr dicht und kostengünstig. Parallel zur Küste verlaufen drei Schnellstraßen sowie die Autobahn A 8. In der Hochsaison kommt es oft zu Staus. Viele kleinere Orte bieten Parkplätze außerhalb des Zentrums und Pendelbusse an.

Landwirtschaft

Die Landwirtschaft ist in den vergangenen Jahren deutlich zurückgegangen. Die Region Provence-Alpes-Côte d'Azur hat in den vergangenen zehn Jahren etwa ein Viertel seiner Anbauflächen verloren. Das Département Var bleibt aber der weltweit größte Produzent an Rosé-Weinen. Landesweit steht das Var auf Platz eins bei Schnittblumen und Honig.

Industrie und Forschung

Zwischen Nizza und Cannes liegt der **Industriepark Sophia Antipolis**, den Franzosen gerne als ihr Silicon Valley bezeichnen. Gegründet wurde er 1969 unter Präsident Georges Pompidou, der sein Land modernisieren wollte. Heute sind dort etwa 2500 Unternehmen, vor al-

lem aus der Elektro- und Autoindustrie, und viele Forschungsinstitute angesiedelt. Etwa 38 000 Beschäftigte und 10 000 Studenten und Forscher arbeiten auf dem Gelände. Mercedes-Benz hat 2019 ein Design-Zentrum in Sophia Antipolis eröffnet.

Ein ähnliches Projekt entsteht derzeit im Tal des Var nahe des Flughafens von Nizza. Auf 10 000 Hektar soll sich künftig das sogenannte **Eco-Vallée** ausbreiten, das Umweltunternehmen, aber auch Wohnanlagen Platz bietet.

Nebenbei bemerkt

Zu den berühmten **Persönlichkeiten**, die in Nizza geboren wurden, gehört Giuseppe Garibaldi (1807–1882), der Vater der italienischen Einheit. Auch der Künstler des Nouveau Réalisme Yves Klein (1928–1962) stammt aus Nizza, ebenso die Politikerin und Holocaust-Überlebende Simone Veil (1927–2017).

Städtepartnerschaften bestehen zwischen Nizza und Nürnberg, Antibes und Schwäbisch-Gmünd, Menton und Baden-Baden, Saint-Raphaël und Sankt-Georgen im Chiemgau, Fréjus und Triberg.

GESCHICHTE

Die Geschichte der Côte d'Azur ist eine lange Reihe von Eroberungen, angefangen bei den Griechen bis zu den Touristen der Gegenwart. Manches hat sich seit zwei Jahrtausenden nicht geändert: Die Besucher heute sind ebenso am Olivenöl interessiert wie einst die griechischen Handelsseefahrer.

Import und Export während der Antike (ab 600 v. Chr.)

Von den **Griechen** sind einige Ortsnamen erhalten geblieben: Um 600 v. Chr. ließen sich griechische Seefahrer im natürlichen Hafen des heutigen Marseille nieder und nannten den Ort Massalia. Von dort aus entwickelten sie einen regen Handel entlang der Mittelmeerküste. Einer ihrer Stützpunkte war Nikaia (Nizza), benannt nach der Siegesgöttin Nike. Die »Stadt gegenüber« nannten sie Antipolis (Antibes). Die **Römer** haben noch mehr Spuren hinterlassen, vor allem entlang der Handelsstraße Via Aurelia, die über Cemenelum (Cimiez, Stadtteil von Nizza) und Forum Iulii (Fréjus) nach Aix-en-Provence führte. In Fréjus sind ein Amphitheater und ein Thermalbad erhalten.

Ausbreitung des Christentums (5. Jahrhundert)

Das Christentum kam über das Meer nach Frankreich, davon zeugen die vielen Heiligenlegenden. Anfang des 5. Jahrhunderts gründete der Einsiedler **Honoratus** auf einer Insel vor Cannes die Abtei Lérins, die zu einer der Keimzellen des abendländischen Mönchtums wurde. Mehrere Bischöfe gingen aus diesem Kloster hervor, das erst die Benediktinerregel übernahm und sich später der Reformbewegung der Zisterzienser anschloss. Die Mönche mussten sich regelmäßig gegen Angriffe von Sarazenen schützen.

Piraten an der Côte d'Azur (8. Jahrhundert)

Islamische Volksgruppen, alle unter dem Sammelbegriff **Sarazenen** zusammengefasst, drangen seit Beginn des 8. Jahrhunderts in den Mittelmeerraum vor. An der Côte d'Azur kam es

Der kleine Ort Gourdon, der im Hinterland von Nizza in 760 m luftiger Höhe auf einem Felsen thront, ist ein typisches Beispiel der »villages perchés«.

regelmäßig zu Überfällen. Dies führte dazu, dass die Bewohner der Ebene sich auf die Hügel im Hinterland zurückzogen, wo sie sich besser verteidigen konnten. So entstanden die ersten »villages perchés«, Dörfer, die wie Adlerhorste an den Felsen kleben. Im 10. Jahrhundert setzten sich **Berber** aus Andalusien im Massif des Maures fest, wo sie schließlich der Graf von Arles vertrieb, der dann die Grafschaft Provence gründete.

Nizzas italienische Episode (1388–1860)

Als in der Provence ein Thronfolgestreit entbrannte, sah der **Graf von Savoyen** seine Chance gekommen. Er verhandelte mit dem Statthalter von Nizza und erreichte, dass sich die Stadt samt Umgebung von der Provence verabschiedete und dem Haus Savoyen anschloss. Damit wurde die Region für rund 500 Jahre italienisch – mit einer kurzen Unterbrechung nach der Französischen Revolution. Erst 1860 fiel Nizza wieder an Frankreich – offiziell als Ergebnis einer **Volksabstimmung**, tatsächlich aber als Dank vonseiten Italiens für die französische Unterstützung beim Kampf gegen Österreich (→ S. 79).

Die Aufnahme von 1875 zeigt an der Promenade des Anglais lustwandelnde Touristen. Damals war der Fremdenverkehr in Nizza bereits fest etabliert.

Wintertourismus (19. Jahrhundert)

Wie wunderbar mild die Winter an der Côte d'Azur sind, haben zuerst die **Briten** entdeckt. Ärzte empfahlen im 19. Jahrhundert Reisen an die Mittelmeerküste bei Bronchitis und Asthma. Der englische Lordkanzler Brougham ließ sich 1834 in Cannes nieder und machte die französische Riviera zur Winterresidenz des britischen Adels. Nach den Patienten kamen die Schriftsteller und schließlich die Künstler, die alle auf ihre Weise zum Ruhm der Region beitrugen. In Nizza wurde die Promenade des Anglais angelegt, in der Belle Époque um die Wende zum 20. Jahrhundert wurden reihenweise luxuriöse Villen gebaut.

Deutsche Flüchtlinge und der vergessene D-Day (1939–1945)

Während des Zweiten Weltkriegs flohen viele Deutsche vor den Nazis nach Südfrankreich, unter ihnen auch zahlreiche bekannte **Schriftsteller** (→ S. 20). In Nizza hatte Heinrich Mann, der ältere Bruder von Thomas Mann, eine Literatenwohngemeinschaft mit Joseph Roth und Hermann Kesten gegründet. Als die Wehrmacht 1942 die bis dahin »freie Zone« im Süden besetzte, mussten sie erneut fliehen. Zwei Jahre später landeten die Alliierten an der Côte d'Azur und vertrieben die Deutschen. An der Operation nahmen auch Soldaten der französischen Kolonien teil, deren Beitrag an der Befreiung Frankreich später nur wenig honorierte (→ S. 186).

Erstes Filmfestival (1946)
Bald nach Kriegsende fand das erste Filmfestival von Cannes statt, das eigentlich schon für 1939 geplant gewesen war. Ausgezeichnet wurde u. a. »Rom, offene Stadt« von Roberto Rosselini. Seitdem entwickelten sich die Filmfestspiele zu einem der bedeutendsten Festivals weltweit. Seit 1955 wird die **Goldene Palme** vergeben, die das Stadtwappen von Cannes aufnimmt. Zum Kampf um die Palme kommen weitere Wettbewerbe hinzu. Alljährlich fliegen Filmemacher und Schauspieler aus aller Welt in der zweiten Maihälfte nach Cannes und versetzen das Örtchen für eine Weile in einen quirligen Ausnahmezustand.

Und ewig lockt die Côte d'Azur (1955)
Wenn ein Film gedreht wird, dann sollte auch das Catering stimmen. Und da hatte der Filmemacher **Roger Vadim** richtig Glück, als er 1955 in Saint-Tropez einen Film machte, in dem eine 18-Jährige drei Männern den Kopf verdreht. Die Inhaber einer Strandbude boten sich an, die Verpflegung des Teams zu übernehmen. Hauptdarstellerin war Vadims Ehefrau **Brigitte Bardot**, die schließlich ihren Mann für ihren Filmpartner sitzen ließ. Es war die Geburtsstunde des Szene-Dorfs Saint-Tropez – wo Bardot bis heute wohnt. Und aus der Strandbar ist der Club 55 geworden, benannt nach dem Jahr der Dreharbeiten.

Sommertourismus (seit 1950)
Seit den 1950er-Jahren erlebte der **Tourismus** an der Côte d'Azur einen riesigen Aufschwung, der vor allem in den 1970er-Jahren mit einigen unschönen Bausünden einherging. Die Autobahn A 8 und der Hochgeschwindigkeitszug TGV, der Paris und Marseille in knapp dreieinhalb Stunden verbindet, brachten immer mehr Menschen in den Süden. Von 300 000 Besuchern 1930 stieg die Zahl der Besucher auf elf Millionen zu Beginn des 21. Jahrhunderts.

»Les réfugiés de Sanary-sur-Mer« von Rainer Ehrt (2018), unter ihnen Thomas und Heinrich Mann in der ersten Reihe sitzend, an vierter und sechster Stelle von links.

GEBRÜDER MANN IM EXIL

Deutsche Schriftsteller in Südfrankreich

Als **Thomas Mann** im Februar 1933 zu einer Vortragsreise aufbrach, ahnte er nicht, dass es der Beginn eines 18 Jahre dauernden Exils sein sollte. Nach vier Monaten Hotellebens zog er schließlich in eine Villa in **Sanary-sur-Mer**, einem Fischerort bei Toulon, den ihm seine weitgereisten Kinder Klaus und Erika empfohlen hatten. Dort sollten sich in den kommenden Jahren mehr als 70 Schriftsteller sammeln, die aus Deutschland vertrieben wurden.

> »Ich finde in diesem Kulturgebiet alles schäbig, wackelig, unkomfortabel und unter meinem Lebensniveau.«
> (Thomas Mann in seinem Tagebuch nach der Ankunft in Südfrankreich)

Anfangs haderte Thomas Mann mit seiner neuen Heimat. Doch bald schon gewöhnte er sich an das neue Leben, das sich zunächst eher nach Sommerfrische als nach Exil anfühlte. Man kaufte Fisch auf dem Markt, spielte Boule und traf sich unter Schriftstellerkollegen zu Lesungen. Bei

Lion Feuchtwanger und seiner Frau Marta war immer etwas los. Dort saß an manchen Abenden auch **Bertolt Brecht** am Klavier und sang Spottlieder auf Hitler und Goebbels.

Thomas Mann, der dank des Nobelpreises für seinen Roman »Buddenbrooks« unter keinerlei Geldsorgen litt, legte sich einen Peugeot zu, kleidete sich neu ein und arbeitete mit frischer Energie an seinem Roman »Joseph und seine Brüder«. Im Rückblick erschien ihm die Zeit in Sanary-sur-Mer als die »glücklichste Etappe« seines Exils. Er erinnerte sich gerne an die kleine Steinterrasse, wo er am Abend im Korbstuhl gesessen und die Sterne betrachtet habe.

Sein älterer Bruder **Heinrich Mann** hatte 1934 mit Joseph Roth und Hermann Kesten in Nizza eine Schrifsteller-Hausgemeinschaft gegründet. Auf jeder Etage wurde an historischen Romanen gearbeitet. Das Verhältnis der Gebrüder Mann war nicht sonderlich gut, zumal Thomas die neue Partnerin seines Bruders ablehnte, eine knapp 30 Jahre jüngere Animierdame aus Berlin, die Heinrich in Nizza heiratete. Nichtsdestotrotz besuchten sich die Brüder gegenseitig und aßen etwa gemeinsam Bouillabaisse in einem Strandrestaurant.

Das anfänglich heitere Leben im Exil änderte sich drastisch mit Beginn der **deutschen Besatzung** Frankreichs im Jahr 1940. Thomas Mann war gerade noch rechtzeitig in die USA übergesiedelt. Die deutschen Schriftsteller und Nazi-Gegner, die in Südfrankreich bislang willkommen gewesen waren, galten plötzlich als »boches« und mutmaßliche Spione. Sie mussten sich registrieren lassen und wurden schikaniert. Der Bürgermeister von Sanary-sur-Mer bat den Präfekten, die Deutschen aus seiner Kommune zu entfernen. Schließlich sei der französische Militärhafen Toulon nicht weit.

Zahlreiche Schriftsteller wurden interniert, unter ihnen auch Lion Feuchtwanger und Golo Mann, einer der Söhne von Thomas Mann. Viele versuchten die Flucht. Feuchtwanger etwa entkam in Frauenkleidern. Der 69 Jahre alte Heinrich Mann kraxelte unter Lebensgefahr zu Fuß über die Pyrenäen. Beide schafften es in die USA – aber keiner von ihnen kam je wieder zurück nach Deutschland.

LANDSCHAFT UND KLIMA

So reich wie die Landschaft, so vielfältig sind auch Flora und Fauna an der Côte d'Azur. Gelb leuchten die Mimosenfelder, lila der Lavendel, am Himmel kreisen Steinadler, durch die Wälder streifen Wölfe. Und fast immer scheint die Sonne und taucht die Küste in ihr unverwechselbares Licht.

Wer hat die Côte d'Azur erfunden?

Es war ein Fremder, der dem Küstenstrich seinen Namen gab: Der Jurist, Politiker und Schriftsteller **Stéphen Liégard** (1830–1925) aus Dijon verfasste Ende des 19. Jahrhunderts einen Reisebericht mit dem Titel »La Côte d'Azur«. Inspiriert hatte ihn dabei wohl die Farbe des Meeres, das an sonnigen Tagen so tiefblau anmutet wie der Schmuckstein Lapislazuli.

Berge und Meer

Kaum eine andere Region in Frankreich vereint auf kleiner Fläche so kontrastreiche Landschaften. So rühmen sich die Bewohner von Nizza gerne damit, dass sie in der Übergangszeit vom Winter zum Frühling am Vormittag in den Bergen Ski fahren und am Nachmittag im Mittelmeer baden können.

Im Nordosten der Region erstrecken sich die **Seealpen**, deren Gipfel mehr als 3000 Meter Höhe erreichen und die zum Meer hin steil abfallen. Die Gebirgslandschaft ist von tiefen Tälern durchschnitten, wobei das östlichste, das **Roya-Tal**, in Küstennähe schon auf italienischem Gebiet verläuft. Zu den Ausläufern der Alpen zählen die beiden bewaldeten Gebirgszüge **Massif des Maures** und **Massif de l'Esterel** weiter westlich. Im rötlichen Esterel-Massiv, dessen höchster Punkt, der Mont Vinaigre, 618 Meter erreicht, liegt die Grenze zwischen den Départments Var und Alpes-Maritimes.

Die Küste ist vielerorts stark zerklüftet und bildet kleine Buchten. Während der östliche Teil der Côte d'Azur relativ dicht besiedelt und touristisch erschlossen ist, finden sich im **Département Var** die von Besuchern weniger bevölkerten Strände und das ruhigere Hinterland.

Sonne und Wind, Schnee und Regen

An der Côte d'Azur scheint etwa doppelt so oft die Sonne wie im Norden Frankreichs: im Schnitt 300 Tage im Jahr. Allerdings weht häufig der **Mistral**, ein trockener Wind, der das Rhonetal hinunterfegt und laut einer Bauernregel entweder drei, sechs oder neun Tage hintereinander weht.

Im **Sommer** wird es dank der Meeresbrise selten unerträglich heiß. Im **Winter** bleibt es an der Küste häufig mild, auch wenn der Schnee die Seealpen längst in ein Winterwunderland verwandelt hat. Ideal zum Reisen sind Frühjahr und Herbst, vor allem außerhalb der französischen Schulferien.

Wenn es regnet, dann oftmals heftig. In den vergangenen Jahren ist es mehrfach zu **Überschwemmungen** gekommen, was durch die Bodenversiegelung begünstigt wurde. In Nizza werden deswegen inzwischen mehr Grünflächen geschaffen, damit das Wasser besser abfließen kann.

Mimosen und Wölfe

Wenn im Februar die Mimosen zu blühen beginnen, dann sieht die ganze Küste gelb getupft aus. Im Hinterland wachsen Korkeichen, Kiefern und Olivenbäume. Bei großer Trockenheit kommt es immer wieder zu Waldbränden. Weite Flächen sind mit Büschen und aromatischen Pflanzen wie Lavendel, Rosmarin und Thymian bewachsen und bilden die typische »**garrigue**« (mediterranes Heideland). Rund um die Parfumstadt Grasse werden unter anderem Jasmin und Mairosen angebaut, um daraus Duftstoffe zu gewinnen.

In den Seealpen leben Steinadler und Steinböcke. Selten zu sehen, aber häufig zu hören ist in der Region die Zikade. Ein großes Thema ist die Zahl der **Wölfe**, die nahezu ausgestorben waren, dann aber von Italien aus wieder eingewandert sind. Im Sommer 2019 wurden mehr als 500 Tiere gezählt. Züchter beklagen sich über häufige Angriffe auf ihre Herden.

ARCHITEKTUR

Von der frühen Bronzezeit an haben Menschen in der Region ihre Spuren hinterlassen – von prähistorischen Fels-malereien über romanische Klöster und barocke Paläste bis zu Villen im Jugendstil und modernen Betonbauten.

Felsgravuren aus der Bronzezeit
Besonders hübsch ist der Wettergott geraten: Er hat die Hände hoch erhoben und schleudert Blitze. Die Figur wurde in der frühen Bronzezeit (1800–1500 v. Chr.) in einen Felsen geritzt, und sie ist bis heute erhalten. Etwa 40 000 Felsgravuren aus der Bronzezeit haben Forscher im »Tal der Wunder«, **Vallée des Merveilles**, in der Nähe des Berges Mont Bégo in den Seealpen entdeckt. Etwa die Hälfte der Zeichnungen stellen Rinder oder Hörner da. Aber auch Ackergeräte und figürliche Darstellun-gen sind darunter. Sie legen Zeugnis davon ab, dass die Region schon in dieser Zeit besiedelt war und die Menschen offen-sichtlich Tierzucht und Ackerbau betrieben.

Dörfer wie Adlerhorste: »villages perchés«
Angesichts zahlreicher Invasoren zogen sich die Bewohner der Region zwischen dem 11. und 15. Jahrhundert auf die hohen Felsen zurück, die die Küstenlandschaft prägen. Die dort ge-gründeten Dörfer wirken aus der Ferne wie **Adlernester**, so eng mussten die Häuser aneinander und übereinander gebaut werden. Die Steine wurden meist in der Nähe geschlagen, so-dass Felsen und Dorf scheinbar nahtlos ineinander übergehen. Viele Dörfer umgaben sich mit dicken Mauern, um sich vor Feinden zu schützen. Einer der ältesten Festungstürme Frank-reichs befindet sich in **Roquebrune-Cap-Martin** (→ S. 110). Im 19. Jahrhundert verließen viele Bewohner die hochgelege-nen Dörfer, weil der Platz knapp wurde und die Landwirtschaft sich in der Ebene entwickelte. In jüngerer Zeit wurden die »villages perchés« wegen ihres Charmes und der grandiosen Aussicht als Zweitwohnsitz beliebt.

Der Kreuzgang und auch die übrigen Gebäudeteile der Zisterzienserabtei Le Thoronet sind von schmuckloser Schlichtheit, wie es der Orden als Ideal proklamierte.

Romanisch, einfach, gut

Im 11. Jahrhundert erlebte Südfrankreich eine spirituelle Renaissance. Die Klöster bekamen reichlich Zulauf. Es wurden zahlreiche Kirchen gebaut, für die man Baumeister aus der italienischen Lombardei verpflichtete. Diese bauten im Stil ihrer Heimat: einschiffige Kirchenräume mit halbrunden Apsiden, kleinen Fensteröffnungen und Rundbögen. Die Fassaden waren schlicht und zeichneten sich lediglich durch sorgfältig behauene Steinquader aus. Die schnörkellose Architektur entsprach dem Geist des **Zisterzienser-Ordens**, der Bescheidenheit und Besinnung auf das Wesentliche predigte. Die **Abtei Le Thoronet** (→ S. 200) und die Klosterfestung auf der Insel **Saint-Honorat** (→ S. 194) sind zwei Orte, an denen die elegante Schlichtheit der romanischen Baukunst besonders gut zur Wirkung kommt.

Die große Schau des Barock

Auch den im 16. Jahrhundert verbreiteten Barockstil haben Architekten aus dem Nachbarland mitgebracht. Es ist eine triumphale Baukunst, die etwas hermachen wollte, zur Not auch mit aufgemaltem Bauschmuck. Kirchenfassaden wurden zu

1912 öffnete das Hotel Negresco, ein im Stil der Belle Époque errichtetes Luxushotel an der Promenade des Anglais in Nizza.

aufwendig dekorierten Bühnenbildern, die mit Säulen, Nischen und Statuen beeindruckten. Die Innenräume stattete man flächendeckend mit Marmor, Stuck und Blattgold aus. Hauptsache, der Betrachter war beeindruckt. Die Grafschaft Nizza, die in dieser Zeit zu Italien gehörte, wurde zu einem der Hauptorte der barocken Baukunst. Die **Kathedrale Sainte-Réparate** (→ S. 58), die der Stadtpatronin gewidmet ist, eiferte mit ihrer Kuppel und den verschlungenen Marmorsäulen dem Petersdom in Rom nach. Auch die Malerei zielte darauf, den Gläubigen zu imponieren – etwa durch die höchst anschaulich dargestellten Höllenqualen auf den Fresken der Kapelle **Notre-Dame-des-Fontaines** im Roya-Tal (→ S. 192).

Villen der »Schönen Epoche«

Um die Wende zum 20. Jahrhundert erlebte die Côte d'Azur eine Blütezeit: Touristen aus aller Welt strömten an die französische Riviera. Manche verbrachten hier nur die Wintermonate, andere blieben ganz und ließen sich üppige Villen mit Türmchen und geschwungenen Freitreppen errichten. Viele der imposanten Gebäude wurden später in Museen oder Luxushotels umgewandelt. Die Baronin Ephrussi de Rothschild ließ sich etwa in **Saint-Jean-Cap-Ferrat** (→ S. 83) einen Villentraum in Bonbonrosa errichten, der heute für Besucher zugänglich ist. Auch das Hotel Negresco an der Promenade des Anglais in Nizza mit seiner rötlichen Kuppel und das Carlton Intercontinental in Cannes sind wunderbare Zeugnisse dieser Zeit, die Belle Époque genannt wird. Das Hotel Regina in Nizza, das der britischen Königin Victoria mehrere Jahre in Folge als Winterpalais diente, wurde später zu Luxuswohnungen umgebaut.

Bausünden aus Beton

Es gehört zu den Klischees über die Côte d'Azur, dass die Küste »zubetoniert« sei. Das ist zum Glück übertrieben, aber an manchen Orten haben hemmungslose Bauherren durchaus Betonburgen hinterlassen, die sich heute mancher gerne wegwünschen möchte. Besonders imposant ist die **Marina Baie des Anges**, ein Komplex aus Hochhäusern der 1970er- und 1980er-Jahre in Villeneuve-Loubet, die entfernt an Wellen oder Segel erinnern. Und auch in **Monaco** stapeln sich die Bausünden im wahrsten Sinne des Wortes, da das Staatsgebiet so klein ist, dass man nur noch in die Höhe bauen kann.

Zeitgenössische Architektur

Bauland ist knapp an der Côte d'Azur, aber hier und da bekommen auch zeitgenössische Architekten eine Chance zur Verwirklichung ihrer Projekte. Die jüngeren Luxusvillen zeichnen sich häufig durch klare Linien und einen nüchternen, minimalistischen Stil aus. Das obligatorische Schwimmbecken ist so gut wie immer in den Boden eingelassen und randvoll – außer im Sommersitz des französischen Präsidenten im Fort Brégançon, wo aus Denkmalschutzgründen kein Loch für den Pool gegraben werden durfte. In Nizza sollten Liebhaber zeitgenössischer Architektur einen Abstecher zu der 2002 eröffneten **Bibliothek** machen. Das von Sacha Sosno entworfene Bürogebäude hat die Form eines Würfels mit sieben Etagen, der auf dem unteren Teil eines menschlichen Kopfes sitzt und deswegen auch Quadratschädel, »tête carrée« (→ S. 69), heißt.

KUNST UND KULTUR

An Inspiration hat es nie gemangelt, seit jeher hat es Künstler an die Côte d'Azur gezogen. Sie fanden dort beste Arbeitsbedingungen vor: das Licht, die Farben, die Lebensart. Kein Wunder also, dass die Region nach Paris die bedeutendste Kunstszene des Landes hat.

Monet und Renoir auf Schnupperreise
Claude Monet war Ende 40 und hatte sich gerade in Giverny in der Normandie niedergelassen, wo er seinen berühmten Garten in vielen Variationen malen sollte. Ende 1883 reiste er von dort an die Côte d'Azur, gemeinsam mit seinem Malerkollegen **Auguste Renoir**, der gerade in einer Schaffenskrise steckte. Die beiden Künstler besuchten Auguste Cézanne, der sich in der Nähe von Marseille aufhielt, und reisten die Mittelmeerküste entlang bis nach Genua. Sie waren von der Landschaft so fasziniert, dass sie später wiederkamen, um dort zu arbeiten. Monet hielt sich 1888 fünf Monate lang in Antibes auf, wo er etwa 30 Werke schuf: Küstenlandschaften mit knorrigen Kiefern und türkis schimmerndem Meer, aber auch Postkartenmotive von Antibes. Für Monet war der Aufenthalt im Süden ein wichtiger Punkt in seiner Karriere. Er entdeckte dort das Malen von Serien, die dasselbe Motiv in immer anderen Lichtverhältnissen zeigten – zunächst die Mittelmeerlandschaften, später dann seinen Garten in Giverny oder die Kathedrale von Rouen.

> »Ich kämpfe mit der Sonne hier. Und was für eine Sonne! Man müsste mit Gold und Edelsteinen malen.«
> (Monet in einem Brief an Renoir)

Renoir im Olivenhain
Renoir zog 1903 ganz an die Côte d'Azur, da das milde Klima seinen entzündeten Gelenken gut tat. In **Cagnes-sur-Mer** bei Nizza kaufte er die Domaine des Collettes, ein drei Hektar großes Grundstück mit Orangen- und Olivenbäumen. Er ließ dort

Landschaft und Licht inspirierten Monet während seines Côte d'Azur-Aufenthalts zu zahlreichen Gemälden, hier »Antibes, vom Plateau Notre Dame aus gesehen«.

eine Villa samt Werkstatt bauen, die er mit seiner Frau Aline und den drei Kindern bezog. Trotz seiner Arthritis arbeitete Renoir unermüdlich, auch als er schon im Rollstuhl saß und kaum noch den Pinsel halten konnte. Ähnlich wie Monet ließ er sich von seiner Umgebung inspirieren und malte lichtdurchflutete Wälder oder auch die rötlichen Dächer von Nizza. Als er 1919 im Alter von 78 Jahren starb, hinterließ er rund 6000 Werke, darunter Landschaftsbilder und Porträts. Seine Villa in Cagnes-sur-Mer wurde in ein **Museum** (→ S. 140) umgewandelt, in dem Gemälde und Skulpturen, aber auch sein Atelier samt Staffelei und hölzernem Rollstuhl zu sehen sind.

Matisse malt Pünktchen

Der Maler **Henri Matisse** reiste 1904 zum ersten Mal nach Saint-Tropez. Eingeladen hatte ihn Paul Signac, der gemeinsam mit Georges Seurat den Stil des **Neoimpressionismus** geprägt hatte. Sie mischten ihre Farben nicht mehr auf der Palette, sondern tupften sie in Punkten auf die Leinwand, sodass das Gemälde erst im Auge des Betrachters entsteht – eine Art

Im Musée Matisse in Nizza kann man sich in der Betrachtung der Werke des bedeutenden Künstlers der Klassischen Moderne verlieren, hier »Fleurs et Fruits«.

Pixel-Effekt. Matisse versuchte sich ebenfalls an dieser Technik und schuf in Saint-Tropez unter anderem das Gemälde »Luxus, Stille und Begierde«, eines seiner Schlüsselwerke. Es zeigt mehrere Frauen im Abendlicht am Strand und besteht ausschließlich aus Pinseltupfern in allen Farben des Regenbogens.

Das Licht in Nizza

Auch Matisse blieb der Côte d'Azur verbunden. Als er später an einer starken Bronchitis litt, mietete er sich 1916 in Nizza für mehrere Wochen im Hotel Beau Rivage ein. Anfangs regnete es ständig, doch als der Mistral den Himmel endlich aufklaren ließ, war der Künstler von dem gleißenden Licht so entzückt, dass er gar nicht wieder weg wollte. Bald darauf mietete er eine Wohnung in einem Stadtpalais an der **Place Charles Felix**. In Nizza besuchte er regelmäßig seinen Malerkollegen Renoir und arbeitete unter anderem an seinen monumentalen Tanzbildern für die Barnes Foundation in den USA. Sie waren ein künstlerischer Erfolg, hatten aber Folgen für sein Privatleben: Seine Frau Amélie verließ ihn nach über 30 Ehejahren aus Eifersucht auf die junge Russin Lydia Delectorskaya, die nicht nur Modell und Muse, sondern auch seine Managerin wurde. Matisse zog später in den Nachbarort **Cimiez** um. Anfang der 1940er-Jahre erkrankte er so schwer, dass er nur noch von seinem Bett aus arbeiten konnte. Er verlegte sich daher von der Malerei auf Scherenschnitte. Eines der bekanntesten Werke aus dieser Zeit ist das Künstlerbuch »Jazz«.

Die Kapelle von Vence

Während des Zweiten Weltkriegs ließ Matisse sich in **Vence** nieder, um den drohenden Bombenangriffen auf Nizza zu entfliehen. Dort pflegte ihn eine junge Frau, die sich später entschloss, in den Dominikanerorden einzutreten. 1947 bat die junge Ordensschwester Matisse um Rat bei der Gestaltung einer Kapelle. Der 77-jährige gebrechliche Künstler machte sich ans Werk. Vier Jahre arbeitete er an der **Rosenkranzkapelle** in Vence (→ S. 144) – und nannte sie später sein Meisterwerk. Für die hohen Glasfenster in Blau, Gelb und Grün ließ er sich von seinen Scherenschnitten inspirieren. Die Fenster werfen ihr buntes Licht auf die weißen Wände, auf denen mit schwarzen Strichen Maria mit dem Kind und ein Dominikanermönch gezeichnet sind. Auch den Altar, die Kerzenhalter und die liturgischen Gewänder entwarf Matisse.

Befreundete Rivalen: Matisse und Picasso

Zu den interessanten Künstlerfreundschaften zählt sicher die zwischen Matisse und dem zwölf Jahre jüngeren spanischen Maler **Pablo Picasso**. Seit ihrem ersten Treffen bei der amerikanischen Sammlerin Gertrude Stein 1906 in Paris verloren sie sich nie mehr aus den Augen. Manche ihrer Werke lesen sich wie ein Dialog zwischen den beiden. An die Côte d'Azur war Picasso seit den 1920er-Jahren immer wieder gereist. Besonders produktiv war er im Sommer 1946, als er im **Schloss von Antibes** (→ S. 131) seine Werkstatt einrichten durfte. Sein dort entstandenes Gemälde »Lebensfreude«, das seine Geliebte Françoise umgeben von mythischen Figuren zeigt, war auch eine Anspielung auf ein gleichnamiges Bild von Matisse, das Jahrzehnte zuvor die Pariser Kunstszene erschüttert hatte.

Picasso und Françoise Gilot besuchten Matisse häufig in Nizza und in Vence. Picasso kritisierte heftig, dass sein atheistischer Freund ausgerechnet eine Kapelle gestaltete. Kurz nachdem diese eingeweiht war, malte Picasso seinerseits eine Kapelle in **Vallauris** (→ S. 125) aus, beschränkte sich dabei aber auf das nichtreligiöse Thema Krieg und Frieden.

Yves Klein und die Avantgardisten in Nizza

In den 1950er- und 1960er-Jahren wurde Nizza zum Treibhaus einer neuen Künstlergeneration, die mit Vergnügen den traditionellen Kunstbetrieb auf den Kopf stellte. **Yves Klein** und **Arman** (Armand Pierre Fernandez), zwei ihrer bedeutendsten Vertreter, hatten sich in einem Judoclub in Nizza kennengelernt. Yves Klein entschied sich bald, für seine Kunstwerke nur noch eine Farbe zu verwenden, ein grelles Ultramarinblau, das er sich sogar als International Klein Blue patentieren ließ. Anstelle von Pinseln benutzte er gerne Naturschwämme, die er mit Farbe getränkt zu Reliefs verarbeitete. Oder er bat seine weiblichen Modelle, sich unbekleidet und vor blauer Farbe triefend auf der Leinwand zu wälzen. Legendär war auch seine Ausstellung »Die Leere«, die zeigte, was der Titel besagte: nichts. Allerdings bekamen die Besucher einen Cocktail gereicht, der ihnen am nächsten Tag blau gefärbten Urin bescherte. In Kleins Werkstatt in Nizza unterzeichneten mehrere Künstler 1960 ein Manifest, das ihrer Bewegung einen Namen gab: **Neuer Realismus**. Viele Werke dieser Gruppe sind heute im **Museum für moderne und zeitgenössische Kunst** in Nizza (MAMAC, → S. 68) zu sehen.

Ben macht Sprüche

Der in Nizza lebende Schweizer **Benjamin Vaultier** hatte das Manifest nicht unterzeichnet, obwohl er Yves Klein nahestand. Unter dem Künstlernamen Ben entwickelte er vielmehr seinen eigenen Stil. In seinem Plattenladen in Nizza sammelte er Objekte aller Art und deklarierte sie mit seiner Signatur zu Kunstwerken. Bekannt wurde Ben vor allem mit seinen teils pfiffigen, teils absurden **Sprüchen**, die er in krakeliger weißer Schreib-

Originelle Architektur und bedeutende Gemälde und Skulpturen machen die
Fondation Maeght in Saint-Paul-de-Vence zum Gesamtkunstwerk.

schrift auf schwarzen Tafeln festhielt, etwa »ist alles Kunst?«
oder »ich schreibe also bin ich«. Die Stadt Nizza ehrte ihn, indem sie ihn die Haltestellen der Trambahn beschriften ließ. An
der Station Oper heißt es: »ich warte auf das Unmögliche«.

Zeitgenössisches in der Fondation Maeght

Zu den schönsten Orten für Kunstliebhaber zählt an der Côte
d'Azur sicher die **Fondation Maeght** (→ S. 147), ein privates
Museum für moderne und zeitgenössische Kunst, umgeben
von einem herrlichen Skulpturenpark. Das Galeristenpaar
Aimé und **Marguerite Maeght** eröffnete 1964 in Saint-Paul-
de-Vence eine Stiftung, um ihre Sammlung öffentlich zugänglich zu machen. Sie ist ihrem Sohn Bernard gewidmet, der im
Alter von elf Jahren an Krebs gestorben war. Das Museum zeigt
nicht nur viele Meisterwerke der Moderne, sondern bietet
auch zeitgenössischen Künstlern eine Bühne, etwa dem Belgier
Jan Fabre oder dem Südkoreaner Lee Bae.

MUSEEN UND GALERIEN

Das antike Erbe der Region, Tradition, Kultur und Geschichte versammeln sich in den Museen der »Blauen Küste«. Und nicht zuletzt hat die geballte Kunstszene, die sich hier seit Beginn des letzten Jahrhunderts einfand, ihre reichen Spuren hinterlassen.

Archäologie und Geschichte

Auf Archäologiebegeisterte wartet das **Musée Archéologique** in Fréjus (→ S. 183). Eine ungewöhnliche Kombination bietet das **Musée d'Art classique de Mougins** (→ S. 156), das antike Exponate um Werke moderner Kunst erweitert. Über die Geschichte von Saint-Tropez informiert das **Musée d'Histoire Maritime Tropézienne** in Saint-Tropez (→ S. 169).

Film

Eine Hommage an die Film-Legende Louis de Funès und andere französische Filmstars der 1960er- und 1970er Jahre, darunter auch Brigitte Bardot, stellt das **Musée de la Gendarmerie** in Saint-Tropez (→ S. 165) dar. Auch das **Musée Louis de Funès** in Saint-Raphaël (→ S. 185) ist dem französischen Schauspieler gewidmet, dessen Charaktere oft cholerisch, doch stets sympathisch sind.

(Kunst)handwerk

Geschichte und Technik der Glasbläserei vermittelt die **Verrerie de Biot** (→ S. 138). Um die Geschichte der Düfte geht es im **Musée international de la Parfumerie** (MIP) in Grasse (→ S. 151), das mit der Herstellung der Düfte vertraut macht und griechische und römische Flakons zeigt.

Natur

Einen Blick in die Tiefen des Ozeans, auf tropische Fische und seltene Wasserkreaturen, aber auch auf heimische Unterwasserfauna und -flora gewähren das **Musée Océanographique** in Monaco (→ S. 91) und das **Meeresmuseum** auf der Île Sainte-Marguerite (→ S. 124), dessen Sammlung Fundstücke aus Schiffwracks ergänzen. Sämtliche Schmetterlinge Frankreichs lassen sich – allerdings in Vitrinen – in der **Maison des Papillons** in Saint-Tropez (→ S. 168) bewundern.

Moderne und zeitgenössische Kunst

Die große Bedeutung der Kunstszene an der Côte d'Azur spiegelt sich in der reichen Museumslandschaft wider. Neben dem **MAMAC** in Nizza (→ S. 68) und der **Fondation Maeght** (→ S. 147) finden sich Werke moderner und zeitgenössischer Künstler auch in der **Malmaison** in Cannes (→ S. 117) und im **Musée de l'Annonciade** in Saint-Tropez (→ S. 164).

Zahlreiche Museen an der Côte d'Azur sind einer einzigen Künstlerpersönlichkeit gewidmet und finden sich oftmals in deren einstigem Wohnhaus oder Atelier untergebracht. Das **Musée Renoir** (→ S. 140) logiert in Renoirs Villa in Cagnes-sur-Mer. Die Villa wurde nach dem Tod des Künstlers in ein Museum umgewandelt. Das **Musée Matisse** (→ S. 71) in Nizza, zwischen des Künstlers letztem Wohnsitz und seiner letzten Ruhestätte gelegen, gibt einen umfassenden Überblick über die künstlerische Entwicklung des Malers. Das **Musée national Marc Chagall** (→ S. 70) in Nizza zeigt eine der größten Sammlungen des Künstlers. Gleich zwei Museen sind in der Stadt Menton dem Universalkünstler Jean Cocteau gewidmet: das **Musée Jean Cocteau – Le Bastion** (→ S. 103), das der Künstler selbst in einen Ausstellungsort für seine Werke verwandelte, und das **Musée Jean Cocteau Collection Severin Wunderman** (→ S. 104), das die Kollektion des amerikanischen Kunstsammlers Severin Wunderman birgt, der zahlreiche Werke Cocteaus zusammentrug. Werke von Picasso finden sich an vielen Orten der Côte d' Azur, etwa im **Château-Musée** (→ S. 126) oder in der **Galerie Madoura** (→ S. 127), beide in Vallauris. Besonders sehenswert ist das **Musée Picasso** (→ S. 131) in Antibes, das im ehemaligen Atelier des Künstlers eingerichtet ist. Fernand Léger ist das gleichnamige **Musée national Fernand-Léger** in Biot (→ S. 138) gewidmet.

Der Park der Domaine du Rayol bildet Pflanzengemeinschaften nach, wie sie in Südfrankreich, aber auch an anderen Orten der Welt mit ähnlichem Klima vorkommen.

GÄRTEN

Es sind ganz besondere Pflanzen, die an der Mittelmeerküste wachsen. Sie müssen mit heißen Sommern, kargen Böden und unregelmäßigen Niederschlägen auskommen. In der Domaine du Rayol bilden sie wunderbare Landschaften.

Rettung vor Immobilienspekulanten

Ein Banker aus Paris war der Erste, der sich an dem herrlichen Küstenabschnitt von **Rayol** zu Beginn des 20. Jahrhunderts mehrere Villen und eine monumentale Pergola bauen ließ. Seine Witwe verkaufte das Anwesen 1940 an einen Flugzeugbauer, der bereits in eine aufwendige Gartenanlage investierte. Als das Grundstück später in den Besitz einer Versicherungsgesellschaft überging, verwilderte der Garten jedoch. Zahlreiche Immobilienspekulanten traten auf den Plan, doch die Anwohner konnten verhindern, dass deren Betonträume wahr wurden. Ende der 1980er-Jahre kaufte die Küstenschutzbehörde das Gelände, um darauf einen geschützten Garten anzulegen.

Paradiesgärtner Gilles Clément

Es gibt in Frankreich ein Menge Gärtner, denen viel daran liegt, Büsche zu Kugeln und Baumkronen zu Würfeln zu schneiden. **Gilles Clément** zählt nicht zu ihnen. Für ihn soll ein Garten in Bewegung sein. Aufgabe eines Gärtners ist es seiner Ansicht nach, »so wenig wie möglich gegen, so viel wie möglich mit« der Natur zu machen. Als Clément den Auftrag erhielt, die Domaine de Rayol neu zu gestalten, wollte er einerseits die einheimische Flora schützen, andererseits aber auch Pflanzen aus anderen Erdteilen ansiedeln, die dort unter ähnlichen klimatischen Bedingungen wachsen wie die am Mittelmeer. »Landschaften einladen« nennt er diese Art zu gärtnern.

Pflanzen mit Brandschutz

Zu den **einheimischen Bäumen** an der Côte d'Azur zählen vor allem Steineichen, Korkeichen und Aleppo-Kiefern. Impressionisten wie Claude Monet und Auguste Renoir haben sie immer wieder auf ihren Landschaftsbildern gemalt. Typische halbhohe Gewächse sind die immergrünen Wilden Pistazien und die Westlichen Erdbeerbäume, die gleichzeitig Blüten und Früchte tragen.

An der Mittelmeerküste kommt es immer wieder zu **Waldbränden**, und etliche Pflanzen haben sich daran angepasst. Korkeichen sind etwa durch die dicke Korkschicht gut geschützt. Und die Zapfen der Aleppo-Kiefern öffnen sich eigens bei einem Brand, sodass die Samen in den mit Asche gedüngten Boden gelangen und schnell junge Bäume nachwachsen. Clément beschäftigt sich in Rayol auch mit der Frage, wie der Mensch mit Waldbränden umgehen sollte, die der Natur durchaus gut tun können, solange sie nicht außer Kontrolle geraten.

Exotik am Mittelmeer

Auf seinen Reisen hat Clément häufig Gegenden besucht, in denen ein ähnliches Klima herrscht wie am Mittelmeer – das Kap in Südafrika, das Landesinnere von Chile, Südwestaustralien oder Kalifornien. Aus all diesen Gegenden wachsen nun Pflanzen in Rayol, sodass Besucher von Landschaft zu Landschaft spazieren und dabei quasi auf Weltreise gehen kann.

FESTKALENDER

Januar
Rallye Monte Carlo
Fürst Albert I. war einer der Initiatoren des Autorennens, das 1911 zum ersten Mal ausgetragen wurde. Ursprünglich war es eine Sternfahrt, die in der Wintersaison Touristen ins Fürstentum bringen sollte. Heute verläuft die Strecke vor allem im Hinterland Monacos in den häufig verschneiten Seealpen, wo die Rennfahrer in irrwitzigem Tempo durch die Haarnadelkurven rasen. Einer der Höhepunkte ist die Fahrt über den 1607 Meter hohen Col de Turini.
www.acm.mc

Februar
Karneval in Nizza
Mit ausgelassenem Straßenkarneval wie in Rio oder Köln hat der Karneval von Nizza nicht viel zu tun. Zwar gibt es auch hier aufwendig gestaltete Wagen mit frechen Figuren aus Pappmaschee, die mehrfach durch die Stadt ziehen, aber die Zuschauer sitzen auf bezahlten Plätzen und sind eher selten selbst verkleidet. Statt Kamelle werden in Niz-

za Blumen geworfen, vor allem Mimosen und Margeriten. Den krönenden Abschluss bildet König Karneval, der am Ende des zwei Wochen dauernden Festes am Strand verbrannt wird.
www.nicecarnaval.com

Mimosenfest in Mandelieu-la-Napoule
Wenn die Seealpen sich noch schneebedeckt zeigen, blühen an der Küste schon die ersten Blumen. Den Auftakt machen die Mimosen, die ursprünglich aus Australien stammen, sich aber an der ganzen Küste verbreitet haben. Im Februar sieht die Landschaft aus, als habe sie jemand mit gelbem Konfetti beworfen. In Mandelieu-la-Napoule nahe Cannes wird die Mimosenblüte eine ganze Woche lang mit Blumenkorsos und Wahl einer Mimosenkönigin gefeiert.
www.ot-mandelieu.fr

Zitronenfest in Menton
Was man aus Zitronen alles so machen kann … In Menton verarbeitet man jährlich etwa

Zum Faschingstreiben in Nizza gehören Paraden und Umzüge, hier der Blumenkorso, bei dem Mimosen, Rosen, Nelken und andere Blumen in die Menge fliegen.

140 Tonnen Zitrusfrüchte und verwendet sie für riesige Figuren und Themenwagen, die in Umzügen durch die Stadt fahren. Das Zitronenfest wurde in den 1930er-Jahren erfunden, als die Belle Époque sich ihrem Ende neigte und die Wintergäste an der Côte d'Azur spärlicher wurden. Heute zieht das Spektakel jährlich etwa 240 000 Besucher an.

Zweite Monatshälfte, www.fetedu citron.com

Mai
Bravade in Saint-Tropez

Es raucht und knallt drei Tage lang. Die Bravade gehört zu den ältesten Traditionen der Provence. Es hat etwas Archaisches, wenn der Pfarrer die Waffen segnet, die Büste des Stadtpatrons Torpes durch die Stadt getragen wird und Einwohner sich mit napoleonischen Uniformen kleiden. Saint-Tropez feiert auf diese Weise seine historische Bürgermiliz, die die Stadt gegen Piraten verteidigt hat, und zugleich den Heiligen Torpes, der dem Ort den Namen gab.

16.–18. Mai, www.bravade-saint-tropez.fr

Internationale Filmfestspiele in Cannes

Schaulaufen auf dem roten Teppich, Filmkunst vom

Ein Highlight des Filmfestivals von Cannes ist das Schaulaufen über den roten Teppich, hier die Schauspielerin Catherine Deneuve.

Feinsten und hinter den Kulissen eine riesige Verkaufsveranstaltung – das alles ist das Festival von Cannes. Nach elf Tagen vergibt die Jury die Goldene Palme für den besten Film und eine Reihe weiterer Preise. Und kaum etwas fürchten die Stars so sehr wie einen heftigen Regenguss kurz vor der Premiere.
www.festival-cannes.fr

Großer Preis von Monaco

Der Grand Prix de Monaco gilt als das prestigeträchtigste Rennen in der Formel 1. Die Fahrstrecke ist gerade mal 3340 Meter lang, weshalb ein Rennfahrer mal gelästert hat, Formel 1 in Monaco sei wie Hubschrauberfliegen im Wohnzimmer. Zum Thema Autorennen in Zeiten von Fridays for Future meinte der monegassische Fürst Albert II. unlängst, die Luft sei an den Formel-1-Tagen besonders sauber, weil dann nicht mehr als 20 Autos gleichzeitig auf der Straße seien. Er habe aber auch die Weltmeisterschaft der Elektroautos nach Monaco geholt, um zum Bewusstseinswandel beizutragen.
www.acm.mc

Juli
Jazzfestival in Juan-les-Pins bei Antibes

Die Größten und Besten haben schon unter den Kiefern von Juan-les-Pins gespielt, und einige von ihnen haben auch ihre Handabdrücke auf Keramikkacheln hinterlassen: Louis Armstrong, Miles Davis, John Coltrane, Ella Fitzgerald, Keith Jarret und George Benson zählen zu den Jazzmusikern, die an der Côte d'Azur ihr Publikum begeisterten. Das erste Jazzfestival in Juan-les-Pins war 1960 eine Hommage an den Saxofonisten Sidney Bechet, der im Jahr zuvor in Frankreich gestorben war.

www.jazzajuan.com

August
Jasminfest in Grasse

Der ganze Ort duftet nach Jasmin, wenn zu Beginn der Jasminernte die mit Blumen geschmückten Festwagen durch die Straßen der Parfumstadt ziehen. Von den Wagen werfen junge Mädchen Blumen in die Menge, und die Feuerwehr verspritzt Jasminwasser – in der Sommerhitze hochwillkommen. Straßenkünstler und Musikgruppen sind überall anzutreffen, am Mittag gibt es Aïoli für alle, und abends wird getanzt bis zum Feuerwerk.

www.ville-grasse.fr

September
Segelregatta in Saint-Tropez

Die größten und schönsten Segeljachten der Welt sind jedes Jahr zum Ausklang der Saison nach Saint-Tropez eingeladen. Etwa 300 moderne und klassische Segelschiffe nehmen an den verschiedenen Regatten teil.

www.lesvoilesdesaint-tropez.fr

Oktober
Kastanienfest in Collobrières

Das Dorf Collobrières liegt mitten im Massiv Les Maures, wo neben Korkeichen auch viele Esskastanienbäume gedeihen. Seit mehr als drei Jahrzehnten dreht sich alljährlich an Sonntagen im Oktober in Collobrières alles um die Maronen. Auf dem Markt gibt es Stände, die Maronenspezialitäten anbieten: von gerösteten Maronen über Brotaufstrich bis Kastanienmehl, aus dem sich leckere Brote und Kuchen backen lassen.

https://collobrieres.fr/fete-de-la-chataigne

Krippenlandschaften und 13 Desserts

Der Herr Pfarrer und der Herr Bürgermeister sind häufig dabei. Auch der Jäger und die Lavendelverkäuferin. Hier und da trifft man eine Frau mit Drehorgel an oder eine, die Aïoli rührt. Anfang Dezember ist ihre Zeit. Dann bevölkern die »Santons«, die für Südfrankreich typischen Krippenfiguren, aufwendig gestaltete Landschaften in Kirchen und Wohnzimmern.

Ursprünglich waren sie ein Akt des Widerstands. Als nach der Französischen Revolution Kirchen enteignet wurden und zur Weihnachtszeit keine **Krippenszenen** mehr nachgestellt werden konnten, formten sich manche Gläubige kleine Figuren aus Salzteig, buken und bemalten sie. Zu den biblischen Gestalten kamen immer neue Charaktere hinzu, die die damalige Gesellschaft möglichst naturgetreu abbildeten. Die Idee dahinter war einfach: Jeder Gläubige sollte sich wiederfinden in der Szene, in der die Menschen zu dem Stall strömten, in dem der Mensch gewordene Sohn Gottes in einer Futterkrippe lag. Häufig sind die Krippenlandschaften so sehr bevölkert, dass die Heilige Familie nur bei näherem Hinsehen auszumachen ist.

Die Liebe zum Detail dürften die **Krippenbauer** mit den Modelleisenbahnern teilen. Manche stellen große Figuren nach vorn und kleine nach hinten, um einen perspektivischen Effekt zu erzielen. Die Landschaft wird gerne mit Häusern, Brücken und Brunnen gestaltet und mit Moos oder Borkenstücken ausgelegt. Trotz der naiven Idylle, die diese Krippen darstellen, sind sie in den vergangenen Jahren mehrfach Auslöser politischer Streitigkeiten geworden – nämlich immer dann, wenn rechtspopulistische Bürgermeister Krippen in ihre Rathäuser stellen und damit die Verfechter der scharfen Trennung von Kirche und Staat provozieren, die in Frankreich gilt.

Auch am **Weihnachtsabend** gibt es in der Provence und an der Côte d'Azur Bräuche, die voller Symbolik sind. So wird beim Essen an Heiligabend traditionell ein Gedeck mehr aufgelegt für den Fall, dass ein Armer vorbeikommt. Das Menü

Die tönernen Gefährten rund um die »Heilige Familie«, die sogenannten Santons, werden in Südfrankreich noch heute von Hand gefertigt und bemalt.

ist am 24. Dezember fleischlos, denn es fällt streng genommen noch in die vorweihnachtliche Fastenzeit.

Das eigentliche Weihnachtsfest beginnt erst mit der Christmette um Mitternacht. Aus diesem Grund hebt man sich den **Nachtisch** traditionell bis nach dem Gottesdienst auf – und zwar nicht nur einen Nachtisch, sondern gleich 13 Köstlichkeiten, in Erinnerung an Jesus und seine zwölf Apostel – aber das ist möglicherweise auch nur eine spätere fromme Erklärung für die besonders üppige Dessertauswahl.

Eine feste Liste gibt es nicht, aber häufig ist ein süß-fettiges Gebäck namens »**Ölpumpe**« dabei, ein süßes, mit Olivenöl zubereitetes Briochegebäck, außerdem Nougat, Mandeln, Nüsse, getrocknete Feigen, Rosinen, Orangen und Quittenpaste – eben alles, was man im Winter an Süßigkeiten auftischen konnte.

Die Weihnachtszeit endet mit dem **Dreikönigsfest** am 6. Januar. Anders als im Rest des Landes, wo man eine »galette des rois« aus Blätterteig und Marzipan isst, gibt es im Süden eine »couronne des rois«, eine Königskrone aus Briocheteig, die mit Hagelzucker und kandierten Früchten dekoriert wird.

In Vallauris wird das Töpferhandwerk seit Jahrhunderten gepflegt.

(KUNST-)HANDWERK

Auf eine lange Tradition kann das Töpferhandwerk zurück-blicken, für zarte Frauenfüße sind die Tropéziennes gedacht. Wer nach kulinarischer Urlaubserinnerung sucht, sollte Olivenöl aus Nizza mitnehmen.

Keramik aus Picassos Töpferdorf Vallauris

Dank des tonhaltigen Bodens gab es in Vallauris schon in der Antike **Töpferwerkstätten**. Nachdem die Pest die Dorfbevöl-kerung stark dezimiert hatte, siedelten sich im 15. Jahrhundert italienische Töpfer an und verhalfen dem Gewerbe zum Auf-schwung. Lange konzentrierte man sich auf die Herstellung von Geschirr, bis sich im 20. Jahrhundert auch die **künstlerische Keramik** entwickelte. Ein Glücksfall für den Ort war der Auf-enthalt des spanischen Künstlers Picasso in Vallauris, der hier das Töpfern als neue Kunstform für sich entdeckte. Heute gibt es mehrere Töpferwerkstätten, die Besuchern Führungen, Kur-se und natürlich ihre Produkte anbieten.

Glaswaren aus Biot

Feuer und langer Atem sind notwendig, um aus einer zähen Masse schön geformte Gläser, Karaffen und Kunstgegenstände zu schaffen. Die **Glasbläserei** von Biot besteht seit 1956. Sehen manche der dort entstandenen Gläser so aus, als seien sie mit Champagner gefüllt, so liegt das an der Technik des Gründers Eloi Monod: Er hat aus einem Makel ein Markenzeichen gemacht und Gläser mit extra vielen kleinen Luftblasen hergestellt.

Tropéziennes: Sandalen aus Saint-Tropez

An der Côte d'Azur gibt es viele Gelegenheiten, bei denen Frauen hohe Absätze tragen. Oft haben sie dann in der Handtasche ein Paar Tropéziennes für den Heimweg dabei – flache **Ledersandalen** mit dünnen Riemchen, in denen sich die Füße erholen können. Die Marke ist bereits in den 1930er-Jahren in Saint-Tropez entstanden und hat viele Nachahmer gefunden.

Tabakpfeifen aus Cogolin

Tabakpfeifen fallen einem, überlegt man sich typische Mitbringsel von der Côte d'Azur, kaum als Erstes ein. Aber für Pfeifenraucher und deren Freunde empfiehlt sich ein Abstecher nach **Cogolin**. In der Gegend wachsen die **Heidekrautsträucher**, deren glutbeständiges und gemasertes Holz der Wurzelknollen sich gut für Pfeifen eignet. Mitte des 20. Jahrhunderts gab es mehrere Pfeifenmanufakturen in dem Dorf. Übrig geblieben ist der 1802 gegründete Familienbetrieb **Maison Courrieu**, der seine Pfeifen mit einem silbernen Hahn, dem Symbol des Dorfes, markiert.

Olivenöl aus Nizza

Grün, braun und lila sind die kleinen Oliven, die in der Gegend von Nizza wachsen und als besonders aromatisch gelten. Die echten **Nizza-Oliven** tragen das Etikett AOP. Man isst sie eingelegt oder als Tapenade auf Brot zum Aperitif. Einer der größten **Olivenproduzenten** an der Côte d'Azur ist das seit 1881 bestehende Unternehmen Nicolas Aliziari, das die einzige traditionelle Ölmühle in Nizza betreibt.

KULINARIK

Sonnenverwöhntes Gemüse, sattes Olivenöl, aromatische Kräuter – die Küche an der Côte d'Azur braucht nicht viele Zutaten für ihre Spezialitäten. Die Rezepte sind schlicht, aber die Produkte sind so gut und frisch, dass aus jedem Gericht eine Köstlichkeit wird.

Tapenade als Appetitanreger
Zu einem Aperitif an der Küste werden häufig dünne Baguettescheiben mit Tapenade gereicht, eine schwarze oder grüne **Paste** aus pürierten Oliven, Sardellen und Kapern. Letztere haben dem Brotbelag seinen Namen gegeben, denn auf Provenzalisch heißen Kapern *tapena*. Tapenade lässt sich auch bestens zusammen mit rohem Gemüse genießen.

Der Klassiker: Salade niçoise
Es ist ein internationaler Klassiker, aber was man so alles als Salade niçoise serviert bekommt, hat sich von dessen Ursprüngen oft weit entfernt. Gekochte Gemüse wie Kartoffeln und Bohnen haben zum Beispiel nichts darin zu suchen. Statt mit Thunfisch wird eine Salade niçoise traditionell mit Sardellenfilets garniert. Eigentlich kommt sie auch ohne Salatsauce aus, ein gutes Olivenöl reicht völlig, eventuell noch ein Spritzer Zitronensaft. Das gießt man großzügig über Tomatenscheiben, Gurken, grüne Paprika, verteilt darauf Sardellenfilets, hart gekochte Eier und Nizza-Oliven – und fertig ist der Salat.

Pan bagnat: Salade niçoise to go
Das »getränkte Brot« ist die Mitnehmversion einer Salade niçoise mit viel **Thunfisch**, der sich zwischen zwei Brothälften wiederfindet. Dies kann ein Stück Baguette sein, üblicherweise ist es aber ein rundes größeres **Brötchen**, dessen Hälften zuvor ordentlich mit Olivenöl beträufelt werden. Ein *pan bagnat* isst man am besten am Strand oder im Hafen sitzend, mit ausreichend Papierservietten in Reichweite.

Socca, Fladen aus Kirchererbsenmehl, laufen selbst der Pizza den Rang ab.

Socca, der köstliche Fladen aus Nizza

Die bräunlichen **Fladen**, die man in Nizza und auch anderswo an der Côte d'Azur gerne isst, bestehen aus **Kirchererbsenmehl**, Olivenöl und Wasser. Sie werden nicht weiter belegt, allenfalls gepfeffert, und man isst sie üblicherweise im Stehen mit den Fingern. Auf manchen Märkten, etwa in Cannes oder Antibes, gibt es Stände mit fahrbaren Öfen, in die die großen Metallpfannen ohne Stiel hineingeschoben werden. Je frischer die *socca* ist, desto besser schmeckt sie, denn dann ist sie außen knusprig und innen weich. Ursprünglich stammen die Kichererbsenfladen aus Italien, dort als *farinata* bekannt.

Pissaladière: Pizza auf französische Art

Eine *pissaladière* ähnelt vom Namen und vom Aussehen her einer Pizza – hat aber gar nicht viel damit zu tun. *Peis salat* heißt salziger Fisch, womit vor allem **Sardellen** gemeint sind, die man in der Region mit Salz und Gewürzen einlegt und dann püriert. Mit dieser Paste wird traditionell die *pissaladière* bestrichen, die aus **Brotteig** besteht. Alternativ kann sie auch mit ganzen Sardellenfilets belegt werden. Außerdem gehören geschmorte Zwiebeln auf den Teig, die so lange auf kleiner Flamme köcheln, bis sie leicht süßlich schmecken. Und natürlich dürfen die kleinen schwarzen Oliven nicht fehlen.

Zucchini, Zwiebeln, Paprika oder Auberginen, ausgehöhlt und raffiniert gefüllt, sind ein traditionelles Gericht an der Côte d'Azur – sommerlich leicht und köstlich.

Petits farcis, Gemüse mit Füllung

Um Gemüse zu füllen, braucht man Geschick und Geduld. Wie gut, dass es an der Côte d'Azur so viele Köche gibt, die das mit Lust und Leidenschaft tun. Tomaten, Zucchini, Paprika, Auberginen – gerne möglichst klein und rund – verwandeln sich mit neuem Innenleben im Ofen zu wunderbaren Genüssen. Auch Fenchel, Zwiebeln und Artischocken lassen sich füllen. Die **Farce** ändert sich je nach Laune des Kochs, sie kann Hackfleisch oder Fischreste, aufgeweichtes Brot oder Reis enthalten, meist mit frischen Kräutern gewürzt. Besonders schön anzusehen sind die orangegelben **Zucchiniblüten**, die sich mit Stockfisch oder Ziegenkäse füllen lassen.

Aïoli: Knoblauch und Öl

Ursprünglich besteht Aïoli nur aus zwei Zutaten: Knoblauch, der in einem Mörser zerstoßen und dann mit Olivenöl zu einer Emulsion verrührt wird. Fügt man noch ein Eigelb hinzu, wird daraus eine **Knoblauchmayonnaise**. Der Name für die Sauce hat sich später auf das Gericht übertragen, das man in Südfrankreich gerne mit Aïoli isst: Es besteht aus entsalztem Stockfisch oder frischem Kabeljau, Seeschnecken, hart gekochtem Ei, Kartoffeln, Möhren und grünen Bohnen.

Süße Verführung: Tarte Tropézienne

Ein polnischer Bäcker und der französische Filmstar Brigitte Bardot sind gewissermaßen die Eltern der berühmten *Tarte Tropézienne*. Der aus Polen stammende Alexandre Micka hatte 1955 eine Bäckerei in Saint-Tropez eröffnet und buk dort einen **Kuchen** nach dem Rezept seiner Großmutter. Zur selben Zeit drehte Roger Vadim mit seiner damaligen Frau Brigitte Bardot dort den Film »Und immer lockt das Weib«. Micka bekam den Auftrag, die Filmcrew mit Essen zu versorgen, und so kam Brigitte Bardot in den Genuss der großmütterlichen **Crèmetorte**: ein runder Kuchen aus süßem Briocheteig, gefüllt mit Vanillecrème und bestreut mit Hagelzucker. Die Schauspielerin war so angetan davon, dass sie Micka empfahl, dem Kuchen den Namen *Tarte Tropézienne* zu geben. Der Bäcker war schlau genug, die Marke schützen zu lassen. Und so hat die bestens vermarktete *Tarte Tropézienne*, ursprünglich ein Rezept der polnischen Hausmannskost, bis heute großen Erfolg.

Rosé, ein Wein für alle Fälle

Zu all dem wunderbaren Essen an der Côte d'Azur passt eigentlich immer ein Rosé. In der Region Provence-Alpes-Côte-d'Azur wird so viel Roséwein produziert wie nirgendwo sonst, etwa 300 Millionen Flaschen im Jahr. Das entspricht etwa 35 Prozent der französischen Rosé-Produktion. Lange galt der Rosé in Frankreich neben dem Weiß- und Rotwein als der einfachere Wein. Doch viele Winzer produzieren inzwischen **roséfarbene Spitzenweine**. 2019 hat etwa der Luxuskonzern LVHM das Château d'Esclans in der Nähe von Draguignan übernommen, um dort Edel-Rosé zu keltern, der vor allem in die USA exportiert werden soll.

Zu den bekanntesten **Weingütern** der Côte d'Azur zählen Château Lafoux, Château Margui und die Domaine de la Rose des vents im Département Var. Im Département Alpes-Maritimes sind die Bellet-Weine bemerkenswert, die am Stadtrand von Nizza angebaut werden. Und schließlich gilt es noch den Wein von der Klosterinsel Saint-Honorat zu erwähnen, der auch schon im Élysée ausgeschenkt wurde.

Pastis hat den in Verruf geratenen Absinth abgelöst

Wenn der berühmte französische Sänger Serge Gainsbourg einen »102« bestellte, war jedem französischen Kellner klar, was er meinte: einen doppelten Pastis der Marke 51. In Südfrankreich ist der »kleine Gelbe« noch immer eines der beliebtesten Getränke zum **Aperitif**. Der Geschmack von Anis und das milde Abendlicht an der Côte d'Azur scheinen besonders gut zusammenzupassen. Dazu noch ein paar Oliven, und der Abend nimmt auf jeden Fall einen guten Anfang.

Dabei war der Pastis ursprünglich bloß ein Ersatzgetränk nach dem Verbot des **Absinth**, der sogenannten grünen Fee. Der grünliche Kräuterschnaps hatte um die vorletzte Jahrhundertwende eine ganze Generation von Künstlern und Schriftstellern beflügelt, unter ihnen Vincent van Gogh, Henri de Toulouse-Lautrec und Arthur Rimbaud. Absinth stand damals unter Verdacht, Spuren von Nervengift zu enthalten, das Halluzinationen und epileptische Anfälle auslösen konnte. Spätere Studien haben gezeigt, dass die unerwünschten Nebenwirkungen vor allem mit der schlechten Qualität des Alkohols zu tun hatten. Einflussreiche Absinthgegner waren vor allem die Winzer, die sich um den Absatz ihres Weines sorgten.

Kaum war der Absinth verboten, brachten zwei Unternehmer neue, harmlosere Anis-Schnäpse auf den Markt: Jules-Felix Pernod gründete bereits 1918 die Marke **Anis Pernod**. Und der Winzersohn Paul Ricard mischte kurz darauf einen Kräuterschnaps mit Anis, Fenchel und Lakritz, den er »**Ricard**, den wahren Pastis aus Marseille« nannte, wobei »pastis« im örtlichen Dialekt einfach »Mischung« heißt.

Ricard kümmerte sich persönlich um den Absatz des neuen Getränks – er zog durch die Bars von Marseille, entwarf eine Wasserkaraffe, deren Tülle die Eiswürfel zurückhält, malte Werbeplakate und veranstaltete später Ferienaufenthalte und Gruppenreisen, auf denen es natürlich regelmäßig Pastis zu

Mit Eiswürfeln gekühltes Leitungswasser und Pastis im Verhältnis fünf zu eins – und fertig ist der in Südfrankreich beliebte Aperitif.

trinken gab. Ricard und Pernod teilten sich über Jahre hinweg den französischen Markt, bis sie schließlich 1975 fusionierten. Die Marken blieben jedoch erhalten und machten sich innerhalb desselben Unternehmens gegenseitig Konkurrenz.

Wer einen Kräuterschnaps der einen oder anderen Marke bestellt, bekommt ihn üblicherweise als bernsteinfarbene Flüssigkeit samt einer Wasserkaraffe serviert. Das empfohlene **Mischungsverhältnis** ist ein Teil Schnaps und fünf Teile Wasser. Gießt man das möglichst eisgekühlte Wasser in das Schnapsglas, wird die Flüssigkeit milchig-weiß. Das liegt daran, dass die ätherischen Öle sich nicht im Wasser lösen, sondern nur winzige Tröpfchen bilden.

Aber wen interessieren schon physikalische Phänomene, wenn man mit dem Glas in der Hand irgendwo unter Platanen sitzt und sich des Lebens freut. Wem die Farbe nicht passt, der kann auch einen *perroquet* mit einem Schuss grünem **Minzsirup** trinken. Das erinnert dann entfernt an den Absinth, der in Frankreich seit 2011 auch wieder legal zu haben ist, der dem Pastis aber keine ernsthafte Konkurrenz macht.

KULINARISCHES LEXIKON

à point: fast gar, »medium«
agneau: Lamm
ail: Knoblauch
amandes: Mandeln
anchois: Sardellen (Anchovis)

beignet: Krapfen
beurre: Butter
bien cuit: durchgebraten
bière: Bier
  – pression: vom Fass
bœuf: Ochse, Rind
bouillabaisse: Fischsuppe
brioche: lockeres Hefegebäck

cabillaud: Kabeljau
café crème: Kaffee mit Milch
  – liégeois: Eiskaffee
canard: Ente
charlotte: Biskuit in süßer Sauce
chèvre: Ziege, Ziegenkäse
chocolat chaud: Kakao
  – liégeois: Eisschokolade
cidre: Apfelmost
colin: Seehecht
concombre: Salatgurke
confit: Ente, Gans, Schwein in eigenem Fett eingelegt
coq au vin: Hähnchen in Wein
coquillages: Schalentiere

côte d'agneau: Lammkotelett
courgettes: Zucchini
crème: Sahne
  – chantilly: Schlagsahne
crêpe: dünner Pfannkuchen
crevettes: Garnelen
croque-madame: überbackener Toast mit Spiegelei
croque-monsieur: Toast mit Schinken und Käse überbacken
crudités: Rohkost
crustacés: Krustentiere

daube: Gulasch
digestif: Verdauungsschnaps
dindon: Truthahn

eau: Wasser
  – plate: ohne Kohlensäure
  – gazeuse: mit Kohlensäure
écrevisses: Krebse
entrecôte: Lendenstück
entrée: Vorspeise
escalope: Schnitzel
escargots: Schnecken

foie gras: Gänseleberpastete
fraises: Erdbeeren
frit: gebacken
fromage blanc: Quark

fruits: Obst
  – de mer: Meeresfrüchte
fumé: geräuchert

gâteau: Kuchen
gigot: Lammkeule
glace: Eis
grillade: gegrilltes Fleisch

haricots: Bohnen
herbes: Kräuter
hors-d'œuvre: kalte Vorspeise
huile: Öl
huîtres: Austern

infusion: Kräutertee

jus de fruits: Obstsaft
jambon: Schinken

lait: Milch
lentilles: Linsen
lièvre: Hase

menthe à l'eau: Wasser mit Minzsirup
miel: Honig
moules: Miesmuscheln
moutarde: Senf
mouton: Hammel

noisette: Haselnuss
noix: Walnuss

œuf: Ei
oie: Gans
oignon: Zwiebel

pain: Brot
pastis: Anisschnaps
pâtes: Teigwaren
pâtisserie: Gebäck
piment doux: Paprika- oder Pfefferschote
pistou: Gemüsesuppe mit Pesto
plat du jour: Tagesgericht
poivre: Pfeffer
pommes: Äpfel
  – de terre: Kartoffeln
porc: Schwein
potage: Suppe
poulet: Hähnchen

raisins: Weintrauben
rillettes: Schweineschmalz
rôti: Braten

saignant: »englisch« gebraten
sauté: geschmort
saucisse: Würstchen
sel: Salz
service compris: mit Bedienung
sole: Seezunge
sucre: Zucker

tapenade: Olivenpaste
tarte: Torte
tournedos: Rindsfilet
truffes: Trüffel

vin rouge: Rotwein
vin blanc: Weißwein
vinaigre: Essig

HINEIN IN DIE CÔTE D'AZUR

Bilderbuchidylle mit blumengeschmückten schmalen Gassen präsentieren die Orte an der Côte d'Azur, hier in der Altstadt von Vence.

NIZZA

Die Lage zwischen Bergen und Meer, die höchste Museendichte nach Paris und eine italienische Vergangenheit – das macht Nizza aus, den Hauptort der Côte d'Azur. In den Gassen der Altstadt finden sich hübsche Läden und Spezialitäten wie »pissaladière«, Zwiebelpizza mit Sardellen.

Es war das intensive Licht, das den französischen Maler Henri Matisse begeisterte, als er 1917 von Paris an die Côte d'Azur gekommen war. Das kräftige Sonnenlicht ist auch heute an vielen Tagen im Jahr typisch für die Stadt, es bringt die ockergelben und zinnoberroten Fassaden wunderbar zum Leuchten.

»Als mir klar wurde, dass ich dieses Licht jeden Tag sehen würde, konnte ich mein Glück gar nicht fassen. Und so beschloss ich, in Nizza zu bleiben.«
Henri Matisse, 1917

Nizza war fast fünf Jahrhunderte **italienisch**, erst 1860 stimmten die Einwohner bei einer Volksabstimmung für die Angliederung an Frankreich. Doch in der Architektur, der Sprache und in der Küche ist der italienische Einfluss bis heute spürbar. So orientieren sich die barocken Kirchen eindeutig an Vorbildern aus dem Nachbarland. Aber auch der Alltag in den ruhigeren Ecken der Altstadt, wo Hausfrauen mit Fischhändlern schwatzen und die Wäsche vor den Fenstern hängt, erinnert durchaus an Szenen aus italienischen Dörfern. Es gehört zu den Kuriosa der Geschichte, dass einer der berühmtesten Söhne der Stadt, **Giuseppe Garibaldi**, zwar die Einheit Italiens begründete, seine Geburtsstadt dann aber wieder französisch wurde.

Nicht nur Matisse ist in Nizza ein eigenes Museum gewidmet, auch bedeutende Werke von Marc Chagall, der nach dem Zweiten Weltkrieg an der Côte d'Azur lebte, sind in der Stadt zu sehen. Anfang der 1960er-Jahre unterzeichneten Yves Klein,

Eine herrliche Aussicht und ein schöner Überblick über Vieux Nice, das alte Nizza, bietet sich vom Schlossberg, Colline du Château.

Arman, Jean Tinguely und andere Künstler in Nizza das Manifest des Neuen Realismus, mit dem sie in den 1960er-Jahren den Kunstbetrieb auf den Kopf stellen wollten. Das **MAMAC**, das Museum für moderne und zeitgenössische Kunst, zeigt ihre fantasievollen Werke – vom Klein'schen Blau bis zu den Wandsprüchen des Künstlers Ben, der bis heute in Nizza lebt.

#ILoveNice – so steht es in metergroßen Metallbuchstaben an einem Ende der **Uferpromenade**. Es ist ein beliebter Selfiespot für Besucher, aber es drückt auch das Lebensgefühl vieler Einheimischer aus. Dazu gehört auch, am frühen Abend auf der »Prom« zu bummeln, einen »Apéro« in einem der zahlreichen Straßencafés zu trinken und im Sommer nach der Arbeit noch mal kurz an den Strand zu gehen. Der hat zwar keinen Sand, sondern glatt geschliffene Kieselsteine – aber die bleiben dafür auch nicht zwischen den Zehen und an der Kleidung kleben.

NIZZA _{F3}

Stadtplan → S. 60/61
346 000 Einwohner

Sehenswertes

 MERIAN TOP 10

❶ ALTSTADT

Viele Häuser haben dunkelrote oder senfgelbe Fassaden und grüne Fensterläden. Im Gassengewirr kann man leicht die Orientierung verlieren, aber die schönsten Ecken finden sich ohnehin abseits der Hauptrouten. Der Schlossberg, der Boulevard Jean-Jaurès und der Cours Saleya begrenzen die Altstadt, Vieille Ville, die im 17. und 18. Jh. entstand und mehrere barocke Kirchen und Kapellen beherbergt.

Einer der Zugänge zur Altstadt geht von der **Place Garibaldi** aus, auf dem die Statue des italienischen Freiheitskämpfers steht. Die Rue Pairolière (Kessel-Straße), in der sich viele Geschäfte aneinanderreihen, führt zunächst zur Place François, wo jeden Vormittag (außer Mo) ein kleiner Fischmarkt stattfindet.

In der Rue Droite, die so heißt, weil sie die direkte Verbindung zwischen zwei Stadttoren war, findet sich der barocke **Palais Lascaris**, ein ehemaliger Sitz einer Adelsfamilie und heute ein sehenswertes Museum für historische Musikinstrumente, darunter einige wertvolle barocke Gitarren aus dem 17. Jh., die ersten von Adolphe Sax hergestellten Saxofone und hölzerne Drehorgeln. In der Nachbarschaft haben sich mehrere Galerien angesiedelt.

Der heiligen Reparata, der Schutzpatronin von Nizza, ist die barocke **Kathedrale** auf der Place Rosseti gewidmet. Nach der Legende wurde die junge Märtyrerin in römischer Zeit zu Tode gefoltert. Ihre Überreste kamen per Boot an der südfranzösischen Küste an – ein Motiv, das sich in mehreren Heiligenlegenden findet und die Ausbreitung des Christentums im Abendland symbolisiert. Der Name der **Engelsbucht** (Baie des Anges) soll auf die beiden Engel zurückgehen, die der Legende

Schmale, schattige Gassen, senfgelbe und ockerfarbene Fassaden, Wäsche flattert im Wind ... die Altstadt gehört zu den schönsten Sehenswürdigkeiten Nizzas.

nach das Boot an Land geleitet haben. Die Kathedrale Ste-Ré-parate aus dem 17. Jh. hat eine elegant strukturierte Fassade, einen frei stehenden Glockenturm und eine mit mehrfarbigen glasierten Ziegeln gedeckte Kuppel. Im barocken Innenraum, der dem Petersdom in Rom nachempfunden ist, ist der Reli-quienschrein der Stadtpatronin zu sehen.

Der neoklassizistische **Palais de Justice** aus dem 19. Jh. be-grenzt den gleichnamigen Platz, auf dem es sich gut einen *café* trinken lässt. Mit einem Sprung aus einem Fenster der zweiten Etage gelang dem Bankräuber Albert Spaggiari eine filmreife Flucht, nachdem er 1976 beim sogenannten Jahrhunderttraub 60 Mio. Francs bei der Société Générale entwendet hatte. Ge-genüber des Justizpalastes steht die ehemalige **Caserne Rusca** mit ihrer rötlichen Fassade und einem Uhrturm aus dem 18. Jh.

Nach ein paar Schritten gelangt man zur **Cours Saleya**, dem traditionellen Blumen- und Gemüsemarkt der Altstadt (Di–Sa bis 13 Uhr (Gemüse) bzw. 16 Uhr (Blumen), Mo Anti-quitätenmarkt). Schon als der Künstler Henri Matisse sich 1921 in dem Stadtpalais Caïs de Pierlas an der Ostseite des Platzes einmietete, gab es dort einen Markt, damals allerdings in einer Halle. An der Nordseite befindet sich die **Chapelle de la Miséricorde**, ein Meisterwerk des Barocks, das allerdings nur zur Sonntagsmesse (10.30 Uhr) geöffnet ist. Heute haben

SEHENSWERTES

① Altstadt ⭐

② Promenade des Anglais

③ Jardin de la Légon d'Honneur ⬤

④ Promenade du Paillon

⑤ MAMAC 🚩

⑥ La Tête carrée

⑦ Port Lympia

⑧ Musée national Marc Chagall

⑨ Cimiez

⑩ Musée Matisse

⑪ Cathédrale Orthodoxe Russe Saint-Nicolas

ÜBERNACHTEN

① Hôtel Windsor

② Grand Hôtel Le Florence

③ Hôtel Excelsior

④ Hôtel Le Petit Palais

ESSEN UND TRINKEN

⑤ La Merenda

⑥ Bar des Oiseaux

⑦ Chez Acchiardo

⑧ Chez Theresa 🚩

⑨ Fenocchio

⑩ Chez Palmyre

⑪ Cave de la Tour

⑫ L'Âne Rouge

EINKAUFEN

⑬ Le Palais d'Osier

⑭ Confiserie Auer

⑮ Alziari

ABENDGESTALTUNG

⑯ Théâtre des Oiseaux

⑰ Opéra Nice

⑱ Monastère de Cimiez

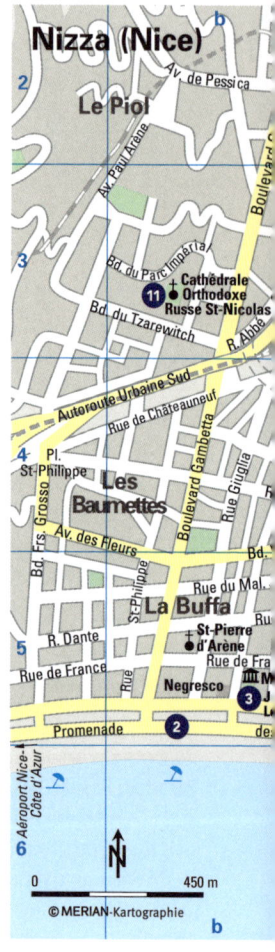

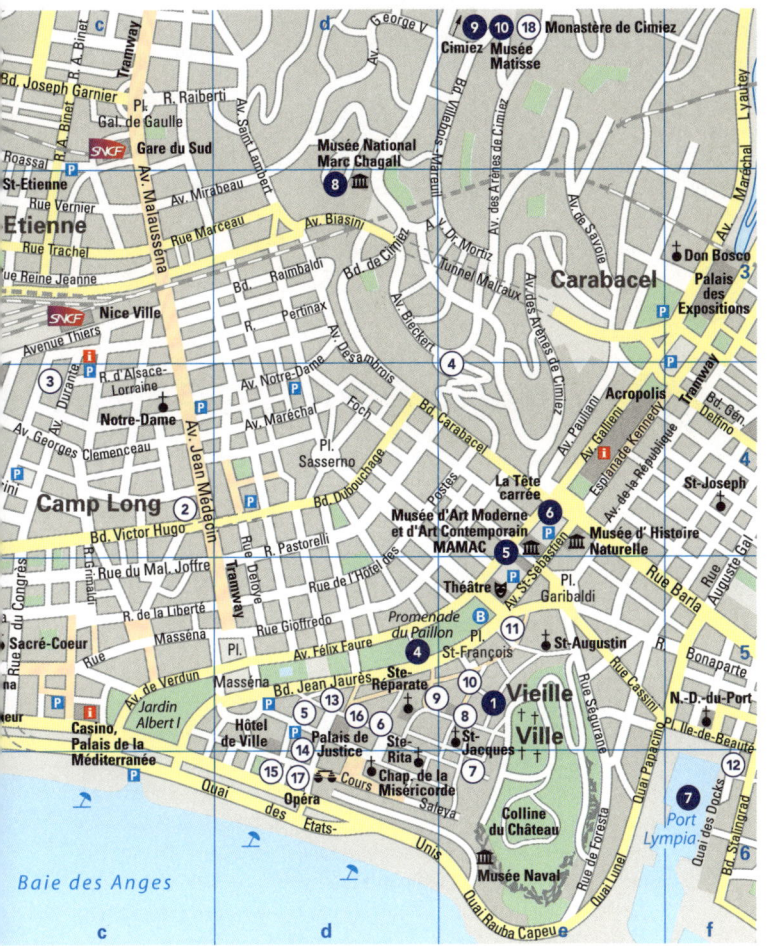

Bd. Joseph Garnier
Pk
R. Raiberti
Gal. de Gaulle
SNCF Gare du Sud
R. A. Binet
Tramway
R. A. Binet
Roassal
St-Etienne
Rue Vernier
Etienne
Av. Malausséna
Av. Mirabeau
Rue Marceau
ue Reine Jeanne
Rue Trachel
Av. Saint-Lambert
Av. Biasini
Musée National
Marc Chagall
8
George V
Av. de Villerme-Maurel
9 Cimiez
10 18 Monastère de Cimiez
Musée
Matisse
Bd. de Cimiez
Av. des Arènes de Cimiez
Bd. de Cimiez
Av. Dr. Morize
Tunnel Malraux
Av. de Savoie
Carabacel
Don Bosco
Palais
des
Expositions
3

SNCF Nice Ville
Avenue Thiers
3 R. d'Alsace-
Lorraine
Notre-Dame
Durante
Av. Georges Clemenceau
Pertinax
Av. Notre-Dame
Av. Desambrois
Av. Maréchal
Foch
Pl.
Sasserno
Bd. Carabacel
Av. Pauliani
Av. Gallieni
Acropolis
Esplanade Kennedy
Av. de la République
Tramway
Bd. Gén.
Delfino
St-Joseph
4

Camp Long
2
Bd. Victor Hugo
Rue du Mal. Joffre
Av. Jean Médecin
Rue Deloye
R. Pastorelli
Bd. Dubouchage
Rue de l'Hôtel des
Postes
La Tête
carrée
Musée d'Art Moderne
et d'Art Contemporain
MAMAC
6
5
Musée d'Histoire
Naturelle
Rue Barla
Rue Auguste Gal
5

Sacré-Coeur
R. Grimaldi
Rue de la Liberté
Rue Gioffredo
Massena
Théâtre
Av. St-Sébastien
Pl.
Garibaldi
Bonaparte
Jardin
Albert I
Casino,
Palais de la
Méditerranée
Av. de Verdun
Massena
Pl.
Bd. Jean Jaurès
Av. Félix Faure
Promenade
du Paillon
B
Pl.
4
St-François
Ste-
Réparate
10
9
8
1
Vieille
Ville
St-Augustin
Rue Ségurane
Rue Cassini
N.-D.-du-Port
Pl. Île-de-Beauté
12

Hôtel
de Ville
5 13
14
Palais de
Justice
16 6
Ste-
Rita
St-
Jacques
7
15 17
Opéra
Quai des États-
Chap. de la
Miséricorde
Saleya
Cours
Colline
du Château
7 Port
Lympia
Quai Papacino
Quai des Docks
Bd. Stalingrad
6

Baie des Anges
Quai Rauba Capeu
Musée Naval
Quai Lunel
Quai de Foresta

Der farbenprächtige Markt auf dem Cours Saleya in Nizza bietet Obst, Gemüse und Blumen, Fisch gibt es am Marché aux poissons auf der Place Saint-François.

MÄRKTE AN DER CÔTE D'AZUR

Bunt, frisch, unterhaltsam

Franzosen, die gerne kochen, gehen nicht einfach einkaufen. Sie »machen ihren Markt«. Dieser Ausdruck, »faire son marché«, verrät schon einiges über den Charakter eines **Marktbesuchs**. Zunächst einmal ist es nicht irgendein Markt, den man besucht, sondern er trägt ganz selbstverständlich ein besitzanzeigendes Fürwort: Es ist »mein Markt«. Das heißt, der Kunde kennt die Händler, und in vielen Fällen gilt das auch umgekehrt.

Es heißt auch nicht »Wochenmarkt« wie im Deutschen, sondern schlicht »Markt«, denn in größeren Orten ist mehrfach in der Woche **Markttag**. Selbst winzige Dörfer haben ihren eigenen Markt, auch wenn er nur aus einer Handvoll Ständen besteht. Häufig ist der Markttag auch gleich am Ortseingang auf einem eigenen Schild angekündigt.

Egal zu welcher Jahreszeit, so ein Markt ist immer ein Fest für die Sinne. Leuchtend rote Erdbeeren bestimmen im Frühjahr das Bild, etwa die klassischen *Gariguette* oder die bonbon-süßen *Mara de Bois*. In der Spargelzeit lohnt es sich, nach dem bleistiftdünnen violetten Spargel Ausschau zu halten, der blanchiert mit etwas Olivenöl wunderbar schmeckt. Im Sommer türmen sich in der Region produzierte Melonen, Aprikosen und Feigen sowie sämtliche Gemüsesorten der Mittelmeerküche. Und in den kühleren Monaten gibt es schließlich die berühmten Zitronen aus Menton und die herrlich duftenden schwarzen Trüffel, die etwas weiter im Landesinneren, im Département Vaucluse, mithilfe von Hunden aufgespürt werden.

Feinschmecker kaufen am liebsten direkt bei **Produzenten**. Dort ist die Ware besonders frisch, und es ergibt sich häufig eine Plauderei über verschiedene Arten der Zubereitung und welcher Wein am besten dazu schmecken könnte.

Je näher sich die Küste befindet, desto üppiger sind die **Fischstände**. Da schimmern die Schuppen, die Fischaugen glotzen, die Hummer rudern mit ihren zusammengebundenen Scheren in der Luft. Und der Fischhändler fragt die Käufer freundlich: »vidé, gratté?« – »ausgenommen und geschuppt?«. Der Winter ist die Saison der Seeigel, die man halbiert serviert bekommt, um sie dann auszulöffeln. Picasso war davon so fasziniert, dass er sie häufig gemalt hat.

Zu den bekanntesten Märkten an der Côte d'Azur zählt der **Cours Saleya** in der Altstadt von Nizza, auf dem es mittlerweile aber auch zahlreiche Souvenirstände gibt. Weniger touristisch sind etwa der **Marché Forville** in Cannes, untergebracht in einer luftigen Markthalle, oder auch der **Markt in Antibes**, nur ein paar Schritte vom Picasso-Museum entfernt, in dem die erwähnten Seeigel-Gemälde hängen.

So ein Marktbesuch kann sich gut einen Vormittag lang hinziehen, vor allem, wenn er am Wochenende stattfindet. Wenn der – auch bei jungen Franzosen beliebte – Einkaufstrolley gut gefüllt ist, dann ist der Moment für einen Cafébesuch gekommen. Die einen stehen lieber plaudernd an der Bar, die anderen sitzen genüsslich an einem der runden Tische in der Sonne. Und was spricht eigentlich dagegen, den Apéro direkt anschließend einzunehmen?

sich etliche Händler – sowie die umliegenden Restaurants – auf Touristen eingestellt und bieten ihre Waren zu saftigen Preisen an. 2020 finden größere Umbauarbeiten statt, die Markstände sind daher vorübergehend auf die Place Pierre Gautier umgezogen, wo sich auch das **Fotomuseum Charles Nègres** befindet. Zum Meer hin liegt eine Reihe einstöckiger Flachbauten, die sogenannten **Ponchettes**, in denen sich Bars und Restaurants angesiedelt haben. Ursprünglich dienten sie den Fischern, später wurden sie als Galerie genutzt.

❷ PROMENADE DES ANGLAIS

Ein Durchgang führt zur berühmten **Uferpromenade** Promenade des Anglais, über die man an den Kieselstrand gelangt. Die sieben Kilometer lange Straße säumt fast die gesamte Engelsbucht bis hin zum Flughafen. Auf mehrere Autospuren stauen sich im Berufsverkehr und in der Hochsaison oft die Fahrzeuge. Aber auch auf der breiten Uferpromenade kann es voll werden mit Flaneuren, Radfahrern, Skatern und Rollerfahrern, vor allem an lauen Sommerabenden.

Den ersten, noch ungepflasterten Weg hatte 1822 ein britischer Pastor anlegen lassen. Damals hatten sich viele reiche Briten an der Küste niedergelassen, um dort ihre Lungenbeschwerden zu kurieren. Auch Schriftsteller und Künstler hatten an dem milden Klima Gefallen gefunden. Die Promenade sollte ein angenehmer Spazierweg für sie sein, und zugleich wollte Pastor Lewis Way armen Einheimischen bezahlte Arbeit verschaffen. Der Küstenweg wurde immer wieder verlängert und verbreitert und 1931 in Anwesenheit eines Bruders des britischen Königs eingeweiht. In den 1990er-Jahren kamen die Pergolas und die blauen Metallstühle hinzu, entworfen von Jean-Michel Wilmotte und mittlerweile in den Boden gedübelt, weil sie zu häufig gestohlen wurden.

Aus der Glanzzeit der Promenade haben sich noch einige spektakuläre Bauten erhalten, etwa das **Palais de la Méditerranée** (Nr. 13–15), in dem 1929 ein Theater samt Restaurant und Spielbank eröffnete. Die Art-déco-Fassade erinnert an die Opéra Garnier in Paris und ist mit Statuen von Frauen und

An der Flaniermeile Promenade des Anglais zeigt sich Nizza mondän.

Seepferden dekoriert. Nach dem Zweiten Weltkrieg verfiel das Gebäude und wurde 1990 fast vollständig abgerissen – nur zwei Fassaden blieben auf Drängen von Kulturminister Jack Lang erhalten und später als Baudenkmal geschützt. Heute ist das Palais zu seiner ursprünglichen Bestimmung zurückgekehrt, es beherbergt ein Luxushotel und ein Casino.

Zu den Wahrzeichen der Stadt gehört das **Hotel Negresco** mit seiner rosafarbenen Kuppel, das der aus Rumänien stammende Henri Negresco 1912 bauen ließ. Es wurde sofort zum Treffpunkt der Hautevolée. Zwei Jahre später brach jedoch der Erste Weltkrieg aus, das Negresco diente als Lazarett, und sein Gründer starb kurz nach Kriegsende finanziell ruiniert in Paris. Erst in den 1960er-Jahren erlebte das Hotel wieder einen Aufschwung. Zu den Gästen zählten etwa der Maler Salvador Dalí, Prinzessin Grace von Monaco, die Beatles, Louis Armstrong und Elton John. Die langjährige Besitzerin Jeanne Augier sammelte mehr als 6000 antike Möbel und Kunstwerke. Sie weigerte sich hartnäckig, das Hotel zu verkaufen, obwohl der Sultan von Brunei oder Bill Gates sicher bereit waren, einen ordentlichen Preis zu zahlen. Als sie Anfang 2019 mit 95 Jahren starb, verlor Nizza eine ihrer markantesten Persönlichkeiten.

Die Promenade des Anglais in den 1880er-Jahren: Die Briten gehörten zu den ersten Touristen, die das milde Klima am Mittelmeer dem englischen Winter vorzogen.

DIE ENGLISCHEN PATIENTEN

Briten an der Côte d'Azur

Auf der Promenade des Anglais in Nizza spazieren heute Touristen aus aller Welt, unter ihnen sicher auch der ein oder andere Brite. Dabei stammt die Uferstraße aus einer Zeit, in der ausgerechnet die Briten den Tourismus an der Côte d'Azur überhaupt entdeckten. Einer der Ersten war der britische Schriftsteller **Tobias Smollett**, der bereits Ende des 18. Jahrhunderts in seinen Reisebeschreibungen berichtete, dass im Februar in dieser Region bereits die Mandelbäume blühen.

Viele Briten kamen, weil sie Lungenprobleme auskurieren wollten. Der aus Manchester stammende Arzt **James Henry Bennet** war in Menton von einer Tuberkulose genesen und verfasste daraufhin den Bestseller »Winter und Frühling an der Mittelmeerküste«. Er eröffnete in Menton eine Praxis, in der er u. a. den Schriftsteller Robert Louis Stevenson, den Autor der »Schatzinsel«, behandelte.

Neben den englischen Patienten gab es aber auch immer mehr Reisende, die kamen, weil sie dem nasskalten Klima ihrer Heimat entfliehen wollten. Zu Beginn des 19. Jahrhunderts überwinterten regelmäßig etwa 100 britische Familien in Nizza, für die es eigens eine anglikanische Kirche gab. Und weil die Expats gerne unter sich blieben, gab es auch Teestunden, Krocket-Partien und liebevoll gepflegte Gärten.

Ein anglikanischer Priester war es, der 1820 Geld sammelte, um die **Promenade des Anglais** anzulegen. Auf diese Weise wollte er verarmten Einheimischen Arbeit geben, aber auch den britischen Ehefrauen und Töchtern einen Ort zum Flanieren schaffen, wo sie von aufdringlichen Südländern verschont blieben. Der französische Schriftsteller Alexandre Dumas beschwerte sich 1851, dass Nizza so britisch geworden sei, dass man kaum noch Franzosen treffe.

Die neuen **Eisenbahnverbindungen** brachten mehr und mehr Wintertouristen in den Süden. Selbst Königin Victoria entdeckte Ende des 19. Jahrhunderts die französische Mittelmeerküste für sich und verbrachte fünf Winter in Folge dort. Sie reiste mit großem Gefolge an und residierte in dem eigens für sie gebauten **Hotel Excelsior Regina** im Stadtviertel Cimiez. Ihre täglichen Ausflüge – über die die Nachrichtenagentur Reuters getreulich berichtete – unternahm sie in einer von einem Esel gezogenen Kutsche. Sie verteilte großzügig Almosen und traf sich mit anderen Royals, die in der Gegend Urlaub machten, etwa ihrem Cousin, den belgischen König Leopold II. Kurz bevor sie starb, soll sie ausgerufen haben »Wäre ich in Nizza, dann würde ich wieder gesund werden.«

Spuren der britischen Touristen lassen sich an vielen Orten an der Côte d'Azur finden: Das Hotel der Queen in Nizza ist inzwischen in ein Wohnhaus mit Luxusappartements umgebaut, ganz in der Nähe findet sich eine Statue von Victoria II. Und wer über die Friedhöfe in Menton oder Cannes spaziert, der kann auf vielen Grabsteinen englische Namen entziffern.

IM VORBEIGEHEN ENTDECKT

❸ JARDIN DE LA LÉGION D'HONNEUR

Kurz vor dem Negresco auf der rechten Seite öffnet sich ein Tor zum Jardin de la Légion d'Honneur, in dem sich die Gedenkstätte für die Opfer des Anschlags von 2016 befindet. Auf einer Steintreppe sind Fotos, Blumen und Kerzen aufgestellt. Der Attentäter war am Abend des 14. Juli 2016 mit einem Lastwagen in die Menschenmenge auf der Promenade des Anglais gefahren und hatte 84 Menschen getötet und 400 verletzt.

❹ PROMENADE DU PAILLON

Ein lang gestreckter Park, der dem hier unterirdisch verlaufenden Fluss Paillon folgt, verbindet die Küstenstraße mit der Neustadt. Es ist ein angenehmer Ort mit Wasserspielen und üppiger Bepflanzung mit einheimischen und exotischen Gewächsen. Am einen Ende geht die Promenade in den **Jardin Albert I**er über, auf dessen Freilichtbühne viele Konzerte stattfinden, u. a. im Rahmen des Jazz Festivals von Nizza alljährlich im Mai.

Die **Place Masséna** ist das quirlige Zentrum von Nizza, wo Neustadt und Altstadt aufeinandertreffen, wo Karneval gefeiert wird, wo Menschen in Cafés unter den Arkaden sitzen. Wer den Kopf hebt, wird sieben riesige Statuen von hockenden Menschen auf 12 m hohen Metallstangen entdecken, die nachts in wechselnden Farben leuchten. Es ist das Werk des zeitgenössischen katalanischen Künstlers Jaume Plensa und steht für den Dialog der Kontinente.

MERIAN EMPFEHLUNG

❺ MAMAC

Am anderen Ende der Promenade du Paillon befinden sich der achteckige Bau des Theaters und gleich dahinter das MAMAC, das M**useum für moderne und zeitgenössische Kunst**, das ein silberfarbener Drache von Niki de Saint Phalle zu bewachen scheint. Während die erste Etage Wechselausstellungen vorbehalten ist, sind auf den beiden oberen Etagen emblematische Werke der Kunstrebellen der 1960er-Jahre und ihrer

Auf rund 4500 Quadratmetern Ausstellungsfläche lässt sich im MAMAC moderne und zeitgenössische Kunst bestaunen – und natürlich die umgebende Architektur.

Nachfolger zu entdecken. Zu sehen sind etwa ein zusammengepresstes Auto von César, monochrom-blaue Werke von Yves Klein, beispielsweise eine Leinwand, auf der ein mit blauer Farbe bemaltes Aktmodell seine Spuren hinterlassen hat, die Installation »la cambra de Ben« des Künstlers Ben, von Christo verpackte Gegenstände und von Niki de Saint Phalle organisierte Shooting Paintings, bei denen sie Farbbeutel zerschossen hat. Von der Terrasse, auf der Yves Kleins Feuerwand ausgestellt ist, hat man einen schönen Ausblick auf die Stadt.

Place Yves Klein | Tram: Garibaldi | www.mamac-nice.org | Di–So 10–18 Uhr (Nov.–April 11–18 Uhr) | Eintritt 10 €

❻ LA TÊTE CARRÉE

Es ist vermutlich eines der originellsten **Verwaltungsgebäude** Frankreichs. In der Traverse Barla, rund 300 m hinter dem Gebäude, in dem sich das MAMAC und die Bibliothek Louis Nucéra befinden, erhebt eine riesige Skulptur ihr Haupt. Der aus Marseille stammende Künstler Sacha Sosno hat dort die Tête carrée geschaffen, die Büste eines Mannes, dessen Kopf die Form eines Würfels hat. Und dieser Würfel beherbergt sieben Etagen, in denen die Bibliotheksmitarbeiter ihre Büros haben. Er lässt sich nicht besuchen, ist aber von außen recht fotogen.

❼ PORT LYMPIA

Die Fischer von Nizza legten traditionell in der Engelsbucht an. Der Hafen Port Lympia wurde erst im 18. Jh. von Häftlingen angelegt. Zwischen den großen Häfen von Genua und Marseille gelegen, erlangte er jedoch nie größere Bedeutung. Er diente vor allem dem Transport von Salz und Olivenöl zwischen dem Festland, Korsika und Sardinien. Seit den 1950er-Jahren wird er vor allem als **Freizeithafen** genutzt, die Jachten hier sind allerdings bescheidener als die in Saint-Tropez oder Cannes. Die kleine Gratisfähre Lou Passagin befördert jeweils ein halbes Dutzend Fußgänger auf die andere Hafenseite (Mai–Okt. 10–19 Uhr). Seit Ende 2019 hat die Tram T2, die vom Flughafen kommt, ihre Endstation im Hafen.

❽ MUSÉE NATIONAL MARC CHAGALL

Der russische Künstler Marc Chagall hatte zwischen den beiden Weltkriegen bereits in Frankreich gelebt und kehrte 1948 aus dem Exil in den USA zurück. Er ließ sich in Vence nieder, wo er an einem farbenfrohen, großformatigen Bilderzyklus arbeitete, der biblische Geschichten zum Thema hatte. Chagall stellte die Werke zunächst im Louvre aus und vermachte sie dann dem Staat, der dafür eigens ein Museum in Nizza bauen ließ. 1973 in Anwesenheit Chagalls eingerichtet, wurde es durch weitere Schenkungen zu einer der größten Sammlungen seiner Werke.

»Seit meiner frühen Jugend hat mich die Bibel gefesselt. Sie erscheint mir heute noch als die größte Quelle der Poesie aller Zeiten.«
Marc Chagall

Wer sich Zeit nimmt, entdeckt immer neue, überraschende Details. Da ist Noah zu sehen, wie er aus der Arche eine Taube fliegen lässt. Dort ist ein blutrot dargestellter Abraham, den ein Engel von der Opferung seines Sohnes abhält. Auf den Bildern schweben umschlungene Liebespaare, gefiederte Fische und der gekreuzigte Jesus. Beeindruckend sind auch die in Rottönen gehaltenen Gemälde zum Hohelied der Liebe aus dem Alten Testament.

Av. Docteur-Ménard | Bus: Musée Chagall | Mi–Mo 10–18, Nov.–April 10–17 Uhr | Eintritt 8 €

❾ CIMIEZ

Dass die Hügel im Norden von Nizza eine gute Wohnlage sind, das fand schon die britische Königin Victoria. Für sie wurde hier im Jahr 1897 ein Luxushotel mit fünf Etagen und prachtvoller Fassade gebaut, in dem sie drei Jahre hintereinander jeweils mehrere Wochen im Frühjahr verbrachte. Sie ließ sich in einer Eselkutsche umherfahren und genoss die Blütenpracht an der Côte d'Azur. Das **Hotel Excelsior Regina** diente während des Ersten Weltkriegs als Lazarett und wurde später zu einer Wohnresidenz umgebaut. Einer der berühmtesten Bewohner war Henri Matisse, der etwa zehn Jahre hier lebte und arbeitete. Er ist auf dem nahe gelegenen Cimetière du Monastère bestattet.

71, bd. de Cimiez | Bus: Arènes-Musée Matisse

❿ MUSÉE MATISSE

Zwischen seinem letzten Wohnort und seiner letzten Ruhestätte liegt sein Museum: Die in der herrschaftlichen roten **Villa des Arènes** ausgestellten Werke geben einen guten Überblick über die künstlerische Entwicklung von Henri Matisse. Es sind relativ wenige seiner bekanntesten Werke zu sehen, dafür aber viele Skulpturen und Gouache-Scherenschnitte. Die Technik des »Malens mit der Schere« hatte er für sich entdeckt, als er lange Zeit krank im Bett lag und auf diese Weise etwa das Kunstbuch »Jazz« gestaltete. Das Museum zeigt außerdem die persönliche Sammlung des Künstlers mit Stücken aus Asien und dem Orient sowie die Vorbereitungen für die von ihm ausgeschmückte Kapelle in Vence (→ S. 144).

164, av. des Arènes de Cimiez | Bus: Arènes-Musee Matisse | www.museematisse-nice.org | Mi–Mo 10–18 Uhr (Nov.–April 10–17 Uhr) | Eintritt 10 €

⓫ CATHÉDRALE ORTHODOXE RUSSE SAINT-NICOLAS

Fünf Zwiebeltürme in Grün und Gold schmücken die Kathedrale Saint-Nicolas, die größte russisch-orthodoxe Kirche außerhalb Russlands. Sie stammt aus der Zeit, in der sich viele Russen an der Côte d'Azur aufhielten, unter ihnen auch der Sohn des Zaren Alexanders II., der dort 1865 im Alter von

20 Jahren starb. Von 1903 wurde die Kathedrale nach dem Vorbild der Moskauer Basilius-Kathedrale gebaut, die am Roten Platz steht, 1912 wurde sie geweiht. Zunächst gehörte die Kathedrale zum Patriarchat von Konstantinopel, das von Moskau gespalten ist. Doch dann meldete Russland seine Ansprüche an und setzte sich 2010 vor den französischen Gerichten durch. Im Inneren der Kirche ist eine prächtige Ikonostase zu sehen, die das Kirchenschiff vom Altarraum trennt.

Av. Nicolas II. | Bus: Tzarewitch | www.sobor.fr | tgl. 9–12, 14–18 Uhr

Übernachten

① *Für Kunstliebhaber*
HÔTEL WINDSOR

Ein Teil der Zimmer wurde von zeitgenössischen Künstlern gestaltet, unter ihnen auch der in Nizza lebende Ben. Außerdem gibt es in dem Vier-Sterne-Hotel einen üppig bepflanzten exotischen Garten mit Schwimmbecken, einen Spa mit Sauna, Hamam und Massage-Angebot sowie eine Bar, durch die ein rosa Elefant fliegt.

11, rue Dalpozzo | Tel. 04 93 88 59 35 | www.hotelwindsornice.com | 57 Zimmer | €€€

② *Mit Ecolabel und Bienenstöcken auf dem Dach*
GRAND HÔTEL LE FLORENCE

Es ist das erste Hotel, das in Nizza das europäische Umweltlabel erhalten hat. In den Badezimmern und auf dem Frühstücksbuffet finden sich Bio-Produkte, der Honig stammt von den farbenfrohen Bienenstöcken auf dem Dach. Die etwa 50 Zimmer des Drei-Sterne-Hotels sind modern ausgestattet.

3, rue Déroulède | Tel. 04 93 88 46 87 | www.hotel-florence-nice. com | 50 Zimmer | €€

③ *Ein Fernwehort*
HÔTEL EXCELSIOR

Das Vier-Sterne-Hotel aus dem 19. Jh. mit schmiedeeisernen Balkonen, Stuck und kleinem Garten liegt in der Nähe des Bahnhofs. Die originelle Dekoration mit Wandmalereien und kräftigen Farben dreht sich um das Thema Reisen. Die schattige Terrasse ist perfekt für den Aperitif.

19, av. Durante | Tel. 04 93 88 18 05 | www.excelsiornice.com | 42 Zimmer | €€–€€€

Schlummern vor kunstvoller Kulisse: Zeitgenössische Künstler wurden beauftragt, die Zimmer des Hôtel Windsor im Herzen Nizzas zu gestalten.

④ *Mit Meerblick*
HÔTEL LE PETIT PALAIS

Die charmante Villa gehörte lange dem Schauspieler und Autor Sacha Guitry. Sie liegt mitten im ruhigen Wohnviertel Cimiez auf einer Anhöhe nördlich des Zentrums. Die meisten Zimmer bieten eine spektakuläre Aussicht auf die Altstadt und die Engelsbucht, manche haben einen eigenen kleinen Garten. Das Matisse-Museum ist ganz in der Nähe, und in einer Viertelstunde ist man zu Fuß im Stadtzentrum. Es gibt ein kleines Schwimm-bad und einen Garten, in dem Papagei Jacko residiert.

17, av. Emile-Bieckert | Tel. 04 93 62 19 11 | www.petitpalaisnice.fr | 25 Zimmer | €€€

Essen und Trinken

⑤ *Marktfrische Küche*
LA MERENDA

Ein ehemaliger Sternekoch des Negresco kocht hier, und er kann es sich leisten, auf eine Telefonnummer und eine Kreditkartenmaschine zu verzichten. Wer einen Platz will, muss früh kommen und trotzdem noch anstehen. Ge-

Socca wird als Snack mit den Fingern gegessen, dazu passt ein Glas Rosé.

kocht wird, was der Markt gerade hergibt. Alles ist frisch und von bester Qualität.

4, rue Raoul Bosio | Tel. 04 93 80 27 33 | Mo–Fr | €€

⑥ *Kreativ-innovativ*
BAR DES OISEAUX
Die Dekoration des kleinen Restaurants ist von Pop Art inspiriert, die Küche ist eine Mischung aus italienischen und provenzalischen Einflüssen mit kreativem Touch. Der Tintenfisch-Salat als Vorspeise ist mit Blüten und Haselnüssen angemacht. Sehr lecker sind die hausgemachten Ravioli. Wer Glück hat, bekommt einen der wenigen Plätze auf der Terrasse.

5, rue Saint Vincent | Tel. 04 93 80 27 33 | Mo–Fr | €€

⑦ *Familienbetrieb*
CHEZ ACCHIARDO
Seit vier Generationen kocht hier die Familie Achhiardo, etwa *daube*, provenzalisches Gulasch, und *tripes* (Kutteln). Empfehlenswert sind auch die Gnocchi und die Ravioli mit Pesto oder Gorgonzola. Zum Nachtisch kann man den traditionellen süßen Mangold-Kuchen probieren.

38, rue Droite | Tel. 04 93 85 51 16 | Mo–Fr | €

MERIAN EMPFEHLUNG 2

⑧ *Socca und andere Spezialitäten*
CHEZ THERESA
Hier sind die Holzscheite in der offenen Küche gestapelt, mit denen der Ofen beheizt

wird. Denn *socca*, die regionaltypischen Kichererbsenfladen, isst man am besten heiß aus dem Ofen. Seit 1925 gibt es bei Theresa Spezialitäten aus Nizza, neben *socca* auch *pissaladière* (Zwiebelpizza), *tourte de blette* (süßer Mangoldkuchen) und *pan bagnat* (Thunfisch-Sandwich). Die Betreiber haben einen Stand auf dem Marktplatz Cours de Saleya und einen netten Stehimbiss in der Altstadt.

28, rue Droite | Tel. 06 13 53 11 76 | Di–So | http://cheztheresa.fr | €

⑨ *Große Eisvielfalt*
FENOCCHIO

Die Place Rossetti ist ein wunderbarer Ort zum Eisessen, zumal hier das berühmte Eiscafé Fenocchio seinen Sitz hat. Es bietet eine irrwitzige Auswahl an Sorten, darunter so ungewöhnliche Aromen wie Avocado, Kaktus und Veilchen, zudem fünf verschiedene Schoko- und drei verschiedene Vanillesorten.

2, place Rossetti | www.fenocchio. fr | tgl. 9–24 Uhr

⑩ *Gemütlich*
CHEZ PALMYRE

Der kleine Speisesaal ist mit historischen Werbetafeln, Blechdosen und allerlei Schätzen vom Flohmarkt dekoriert. Die Karte ist auf der Wandtafel zu lesen, sie ist kurz und gut. Dazu passen die rot-weiß karierten Servietten. Für guten Service sorgt eine freundliche Bedienung.

5, rue Droite | Tel. 04 93 85 72 32 | tgl. außer Mi | €

⑪ *Unter Einheimischen*
CAVE DE LA TOUR

An Stehtischen vor der Tür treffen sich oft schon am Vormittag Fischer und Metzger auf ein Gläschen. Der Familienbetrieb besteht seit 1947 und bietet eine große Auswahl an Weinen aus der Provence, die meisten davon werden auch glasweise ausgeschenkt. Eine gute Gelegenheit, einen Bellet aus dem Anbaugebiet oberhalb von Nizza zu probieren. Dazu gibt es mittags ein Tagesgericht.

3, rue de la Tour | Tel. 04 93 80 03 31 | tgl. außer So nachmittag und Mo

⑫ *Am Hafen*
L'ÂNE ROUGE

Eines der besten Fischlokale der Stadt verdankt seinen Namen dem Künstler Marc Chagall, der der Gründerin zur

Eröffnung eine Eselsfigur schenkte. Chefkoch Michel Devillers hat sich Fischen und Meeresfrüchten verschrieben, die er perfekt zubereitet. Die Lage am Hafen erleichtert es, die frischesten Produkte zu bekommen.

7, quai des Deux-Emmanuel | Tel. 04 93 89 49 63 | www.anerouge restaurantnice.com | tgl. außer Mi und Do mittags | €€€

Einkaufen

⑬ *Von Hand geflochten*
LE PALAIS D'OSIER
Der winzige Laden ist auf Korbwaren aller Art spezialisiert, und der Besitzer ist oft dabei anzutreffen, wie er gerade das Strohgeflecht eines Stuhles repariert. Es gibt die klassischen Einkaufskörbe aus Weidengeflecht mit Schulterriemen aus Leder, aber auch bunte Modelle, in denen sich Strandtücher und ein Picknick transportieren lassen.

3, rue de la Préfecture | Mo–Sa 10–19 Uhr

⑭ *Die Adresse für kandierte Früchte*
CONFISERIE AUER
Das Geschäft sieht fast genauso aus wie bei seiner Gründung 1820. Mit der cremefarbenen Rokoko-Einrichtung diente es schon mehrfach als Filmkulisse. Zu den Spezialitäten des Hauses zählen kandierte Früchte. Das Kandieren diente ursprünglich dazu, die Früchte haltbar zu machen, indem man ihnen das Wasser entzieht und den Zuckergehalt erhöht. In der Confiserie gibt es außerdem Fruchtpasten und allerlei Schokoladenspezialitäten – Naschkatzen werden nicht widerstehen können.

7, rue Saint-François-de-Paule | www.maison-auer.com | Mo–Sa 9–19 Uhr

⑮ *Grand Cru Olivenöl*
ALZIARI
Der richtige Ort, um gutes Olivenöl, Tapenade und sonstige Olivenprodukte zu kaufen. Die bunten Blechbehälter sind schöne Mitbringsel. Es sind allerdings nicht nur Öle aus der Region im Angebot. Das Geschäft gibt es seit 1868, und die Familie rühmt sich, die einzige traditionelle Ölmühle in Nizza zu betreiben, die man auch besuchen kann.

14, rue Saint-François-de-Paule | www.nicolasalziari.de | tgl. 9–19 Uhr

Die Oper in Nizza bietet 1195 musikbegeisterten Zuschauern Platz.

Abendgestaltung

⑯ *Für einen vergnüglichen Abend*
THÉÂTRE DES OISEAUX

Überwiegend Schauspieler aus der Region treten in dem kleinen Theater in der Altstadt auf. Auf dem Programm stehen vor allem Komödien wie etwa der französische Klassiker »Le dîner de cons«.

6, rue de l'Abbaye | Tel. 04 93 80 21 93 | www.theatredesoiseaux.com

⑰ *Oper-, Ballett- und Konzertgenuss*
OPÉRA NICE

Opern, aber auch Symphoniekonzerte und Ballettaufführungen lassen sich auf den rotsamtenen Sitzen und in den mit Goldstuck verzierten Logen bestens genießen. Das heutige Gebäude stammt aus dem 19. Jh., gebaut hat es ein Schüler von Gustave Eiffel. Es treten regelmäßig international bekannte Künstler auf.

4–6, rue Saint-François-de-Paule | Tel. 04 92 17 40 00 | www.opera-nice.org

⑱ *Klassische Konzerte*
MONASTÈRE DE CIMIEZ

Im Kreuzgang des Klosters von Cimiez kann man während der Sommermonate klassische Konzerte hören. Der Garten mit Palmen und Rosen bietet einen herrlichen Blick über die Stadt.

Place Jean-Paul II | www.niceclassiclive.com | Juli–Sept.

Der historische Plan zeigt Nizza im Jahr 1624. Die Stadt war von den Savoyern komplett mit einer Stadtmauer umgeben und zur Festung ausgebaut worden.

GRAFSCHAFT NIZZA

Ein halbes Jahrtausend italienisch

In Nizza ist die Pizza so knusprig, wie sie sein soll, das Eis schmeckt perfekt, und der Cappuccino wird, anders als sonst in Frankreich, mit aufgeschäumter Milch serviert und ist durchaus trinkbar. Kein Wunder, schließlich ist die Grenze zu Italien nicht weit. Doch das ist nicht der einzige Grund für den auch heute noch deutlich spürbaren italienischen Einfluss in der Hafenstadt. Tatsächlich war Nizza im Lauf der Geschichte mit einer kurzen Unterbrechung nach der Französischen Revolution etwa ein halbes Jahrtausend lang italienisch.

Das ganze Mittelalter hindurch hatte Nizza noch zur Provence gehört und war nach Arles und Marseille die drittgrößte Stadt der Region. Als in der Provence jedoch im 14. Jahrhundert ein Erbfolgekrieg ausbrach, wechselte Nizza die Seiten und ließ sich von der Grafschaft **Savoyen** annektieren.

Das sollte die Identität der Stadt tiefgreifend verändern. Die Fürsten des Hauses Savoyen bauten Nizza zur **Festung** aus. Die Stadt wurde für mehrere Jahrhunderte zu einem strategisch wichtigen Ort, der den Savoyern einen Zugang zum Mittelmeer bot. Der Fluss Var bildete die Grenze zur französischen Grafschaft der Provence. Handelswege wurden ausgebaut, wie etwa die Salzroute, die von Menton nordwärts durch das Roya-Tal ins Piemont führte.

Mehrfach versuchten französische Herrscher vergeblich, Nizza zurückzuerobern. **Ludwig XIV.** schaffte es Ende des 17. Jahrhunderts, die Festung und den mittelalterlichen Stadtkern zu zerstören, bevor die Stadt wieder an die Savoyer fiel. Unter **Napoleon Bonaparte** wurde Nizza für gut zwei Jahrzehnte französisch und zum Hauptort des neu geschaffenen Département Alpes-Maritimes – bevor die Stadt 1814 wieder dem Haus Savoyen zugesprochen wurde.

Damals war einer der berühmtesten Söhne der Stadt gerade mal sieben Jahre alt: **Giuseppe Garibaldi**, der 1860 zum Vater der italienischen Einheit werden sollte. Dafür zahlte er einen hohen Preis: Um die Unterstützung Frankreichs für die italienische Einheitsbewegung zu erlangen, musste er in Kauf nehmen, die Grafschaft Nizza wieder an Frankreich zu verlieren.

Bei einem mutmaßlich manipulierten **Volksentscheid** 1860 stimmten 99 Prozent der Einwohner für den Anschluss an Frankreich. Garibaldi zog sich aus Protest gegen die Französisierung seiner Heimat auf eine winzige Insel bei Sardinien ins Exil zurück, wo er mit 75 Jahren starb und auch begraben wurde. In Nizza ist bis heute ein Platz nach ihm benannt, auf dem eine Statue des italienschen Nationalhelden steht.

Die Amtssprache war in Nizza fortan wieder französisch, viele Familien übersetzten ihre Namen, etwa von Delponte zu Dupont. Die italienischen Zeitungen wurden bald eingestellt. Und es wurde zum zweiten Mal in der Geschichte Frankreichs das **Département Alpes-Maritimes** geschaffen. Dieses Mal wurde die Grenze etwas großzügiger gezogen, was die Kuriosität zur Folge hatte, dass der Fluss Var seitdem nicht mehr durch das nach ihm benannte Département verläuft.

BEAULIEU-SUR-MER F3

3760 Einwohner

Von Bergen umschlossen, vor Winden geschützt und daher als einer der wärmsten Orte der Küste gepriesen – in Beaulieu-sur-Mer gibt es sogar ein Viertel namens Petite Afrique mit tropischer Vegetation. Zwischen Monaco und Nizza hat sich an der Ameisenbucht (Baies des Fourmis) ein Stückchen Belle Époque mit schönen Häusern, Palmen und einem kleinen Hafen erhalten. Mit der Eisenbahn waren um die Wende zum 20. Jh. illustre Gäste wie Gustave Eiffel und die österreichische Kaiserin Sisi gekommen. Die Touristen, die heute den charmanten Ort bereisen, wollen vor allem die Villa Kerylos sehen.

Sehenswertes

 MERIAN EMPFEHLUNG

VILLA KÉRYLOS

Schade, dass es nur ein Museum ist. Wer diese Villa betritt, möchte am liebsten den ganzen Urlaub lang bleiben und den Ort genießen. Der französische Archäologe und Griechenland-Fan **Théodore Reinach** ließ Anfang des 20. Jh. an der Küste ein Domizil nach antiken Vorbildern und mit den edelsten Materialien errichten. Im Zentrum liegt wie in einer griechischen Villa ein mit Säulen versehener Innenhof. Fresken an den Wänden bebildern Szenen der griechischen Mythologie. Besonders prachtvoll ist die Bibliothek mit ihren Einlegearbeiten aus Elfenbein und den in Leder gebundenen Büchern aus dem 17. und 18. Jh., die sich der griechischen Zivilisation widmen. Bemerkenswert sind auch die Skulpturen, fast alle Abgüsse griechischer Originale. Im achteckigen Speiseraum ist die Holzdecke mit Blattgold verziert, der Boden ist mit einem Mosaik geschmückt. Man aß wie die alten Griechen, liegend an niedrigen Tischen. Der französische Präsident Emmanuel Macron lud 2019 seinen chinesischen Amtskollegen in die Villa Kérylos zum Abendessen ein – aber für diesen Anlass hat man dann doch Tische und Stühle aufgestellt.

Skulpturen nach griechischem Vorbild zieren Haus und Garten der im antiken Stil errichteten Villa Kérylos des Altertumsforschers Théodore Reinach.

Die Kosten für das historisierende Anwesen – das mit fließend Wasser, Strom und Zentralheizung ausgestattet worden war – trug Reinachs Ehefrau. Sie war um drei Ecken mit der Familie Ephrussi-Rothschild verwandt, die zur selben Zeit ganz in der Nähe eine Luxusvilla (→ S. 83) im Renaissance-Stil errichten ließ. Als Reinach 1928 starb, ging die Villa seinem Testament entsprechend in den Besitz des Institut de France über, blieb aber Wohnsitz seiner Kinder und Enkel. Seit 1966 ist sie als historisches Monument geschützt.

Impasse Gustave-Eiffel | www.villakerylos.fr | tgl. 10–17, Mai–Aug. 10–19 Uhr | Eintritt 11,50 €

CORNICHES F2/3–G2

Unterhalb der Autobahn führen drei in den Felsen geschlagene Straßen von Nizza nach Menton. Alle drei sind ähnlich lang, aber unterschiedlich schwierig und zeitaufwendig zu befahren. In vielen Filmen haben die Corniches mit ihren abenteuerlichen Kurven und herrlichen Aussichten schon als Kulisse gedient. Die älteste der drei, die **Grande Corniche** (ehemals N 7, heute D 2564), führt von Nizza nach Norden in die Berge, an La Turbie und Roquebrune vorbei und über mehrere Pässe, u. a. den Col d'Èze. Für diese Strecke muss man mit 2,5 Stunden rechnen. Etwas schneller kommt man auf der **Moyenne Corniche**

Die Gestaltung der Villa Ephrussi de Rothschild mit ihren Themengärten war der Milliardärin Béatrice de Rothschild eine Herzensangelegenheit.

(D 6007) voran, die Èze und andere »villages perchés« passiert und immer wieder schöne Blicke auf die Küstenorte bietet. Die **Basse Corniche** (D 6098) verläuft am Fuß der Steilhänge direkt an der Küste und schlängelt sich durch Villefranche-sur-Mer, vorbei an Saint-Jean-Cap-Ferrat, durch Beaulieu-sur-Mer und Monaco. Im Sommer kommt es hier immer wieder zu Staus.

SAINT-JEAN-CAP-FERRAT F3

1700 Einwohner

Ähnlich wie Cap d'Antibes ist die Halbinsel Cap Ferrat ein Ort für die »Happy Few«, deren Villen, Gärten und Pools man hinter den hohen Hecken und Mauern nur erahnen kann. Zu den illustren Grundbesitzern zählte in der Vergangenheit etwa der belgische König Leopold II., der die Villa Les Cèdres erwarb, um dort seine 16 Jahre alte Geliebte unterzubringen, die er wenige Tage vor seinem Tod heiratete. Auch der Philosoph Friedrich Nietzsche, der Schauspieler Charlie Chaplin und der Schriftsteller William Somerset Maugham verbrachten hier schöne Sommertage. Heute sind viele Villen im Besitz reicher Russen, ein Viertel der angestammten Einwohner hat in den vergangenen Jahren Kaufangebote akzeptiert und die Halbinsel verlassen.

Sehenswertes

POINTE SAINT-HOSPICE

Von der Anhöhe mit einer Kapelle (17. Jh.) und einer überdimensionierten Bronze-Madonna hat man einen schönen Blick. Etwas unerwartet an diesem Ort: ein Soldatenfriedhof, auf dem 90 belgische Soldaten des Ersten Weltkriegs bestattet sind.

MERIAN TOP 10

KÜSTENWEG F3

Es ist mit das Beste, das man auf der Halbinsel tun kann: sie einmal zu Fuß umrunden und die herrliche Landschaft genießen. Der schmale, aber gut befestigte Weg führt über kleine Strände bis zum Leuchtturm und an der felsigen Westküste wieder zurück. Für die knapp 6 km braucht man etwa zwei Stunden – mit Genusspausen entsprechend länger.

VILLA EPHRUSSI DE ROTHSCHILD

Wie der Name richtig vermuten lässt, wurde hier bei Architektur und Einrichtung nicht gespart. Die rosafarbene Villa im Renaissancestil hat Baronin Ephrussi, geborene Rothschild, zwischen 1905 und 1912 erbauen lassen – und dafür ein gutes Dutzend Architekten geheuert und gefeuert. Die exzentrische Milliardärin brachte in der Villa ihre umfangreiche Kunstsammlung unter und ließ außerdem ihre Gärtner in Matrosenanzüge kleiden, weil sie das an ihre Schiffsreisen erinnerte.

1, av. Ephrussi-de-Rothschild | www.villa-ephrussi.com | tgl. 10–18, Nov.–Jan. Mo–Fr 14–18, Sa, So 10–18, Juli, Aug. 10–19 Uhr | Eintritt 15 €

Essen und Trinken

Fang des Tages
CAPITAINE COOK

Das Lokal in Hafennähe bietet traditionelle Fischgerichte und Meeresfrüchte. Die Dekoration ist ein wenig aus der Zeit gefallen, aber es gibt eine kleine Terrasse mit schönen Bougainvillea, und das Menü für 32 € ist empfehlenswert.

11, av. Jean-Mermoz | tgl. außer Mi und Do Mittag | €€

200 Millionen Euro zahlt man an der Côte d'Azur für 1700 Quadratmeter Wohnraum mit 14 Hektar Garten. Die Villa Les Cèdres gilt als das teuerste Haus der Welt.

IMMOBILIENWAHNSINN AN DER CÔTE D'AZUR

Spitzenpreise in Saint-Jean-Cap-Ferrat und Monaco

Das teuerste Haus gerade verkauft, die teuerste Wohnung soeben vermietet – so geht es zu an der Côte d'Azur. Die beiden Objekte waren echte Schnäppchen. Die **Villa Les Cèdres** etwa gehörte einst dem belgischen König Leopold II., der durch die brutale Ausbeutung des Kongos reich geworden war. Später erwarb die Industriellenfamilie Marnier-Lapostolle das Anwesen in Saint-Jean-Cap-Ferrat. Die Bitterorangen aus dem 14 Hektar großen Garten sollen dem Familienschnaps Grand Marnier sein Aroma gegeben haben. Schnaps und Villa gingen 2016 ins Eigentum des italienischen Getränkeherstellers Campari über, der sich von der Immobilie allerdings gleich wieder trennen wollte. Der geforderte Preis: 350 Millionen Euro. Damit war die Villa Les Cèdres mit ihren 14 Zimmern, einem Stall für 30 Pferde und einem Schwimmbad mit 50-Meter-Bahnen zu dieser Zeit das teuerste Haus der Welt.

Aber Campari hatte zu hoch gepokert. Drei Jahre lang fand sich kein Käufer, dann mussten sich die Italiener mit 200 Millionen Euro zufriedengeben. Der neue Besitzer wurde erst nach einer Weile öffentlich bekannt: Rinat Akhmetov ist der Sohn eines Bergarbeiters aus Donetsk, der sich zum reichsten Mann der Ukraine hochgearbeitet hat. Mit seinen neuen Nachbarn wird er bestens über die Lage in seiner Heimat diskutieren können, denn in Saint-Jean-Cap-Ferrat sind in den vergangenen Jahren zahlreiche Immobilien von Russen aufgekauft worden. Die Halbinsel hat innerhalb von zehn Jahren gut ein Viertel seiner angestammten Einwohner verloren.

Die teuerste Wohnung hatte ebenfalls lange keine Käufer gefunden – dann immerhin einen Mieter, dessen Identität aber verschwiegen wurde. Das 3300-Quadratmeter-Penthouse erstreckt sich über die fünf letzten Etagen des **Tour Odéon**, eines 2015 fertiggestellten Hochhauses in Monaco. Auf der 49. Etage befindet sich ein Schwimmbad mit Überlaufbecken, also eher etwas für Schwindelfreie. Die Miete soll nach Zeitungsberichten etwa 600 000 € monatlich betragen.

Der Immobilienmarkt an der Côte d'Azur ist durchaus angespannt. Auf der einen Seite das Meer, auf der anderen Berge und Naturschutzgebiete – da bleibt nicht viel Platz für Neubauten. Monaco versucht gerade einmal mehr, sein Staatsgebiet künstlich zu erweitern und dem Meer durch Aufschüttungen ein paar Hektar Land abzuringen.

An der Küste können sich fast nur noch Ausländer Grundstücke leisten, die französische Mittelschicht ist längst ins hügelige Hinterland abgewandert. Besonders beliebt sind die von Stränden umgebenen Landzungen. Der **Quadratmeterpreis** in Saint-Jean-Cap-Ferrat lag 2019 bei etwa 35 000 € und 28 000 € in Saint-Tropez. Die Immobilienagenturen haben sich auf die internationale Kundschaft eingestellt und bieten zahlreiche Extradienste an – von der Schulanmeldung der Kinder bis zur Ummeldung von Fahrzeugen. Die hübschesten Villen bekommen auch die Makler nicht unbedingt zu sehen – so mancher Besitzerwechsel wird wohl eher beim Plausch auf dem Golfplatz ausgehandelt.

MONACO UND UMGEBUNG

Monaco und Umgebung

Nizza

Cannes und Umgebung

Saint-Tropez und Umgebung

Monaco ist das einzige Land der Welt, in dem die Staatsbürger die Minderheit bilden. Im zweitkleinsten Staat nach dem Vatikan ist ein Quadratmeter schon für 90 000 Euro verkauft worden. Oben auf dem Felsen lebt die Fürstenfamilie, an deren Leben sich die Klatschpresse ergötzt.

Wer mit dem Auto nach Monaco kommt, hat schon verloren – und verstanden, dass Platz hier extrem wertvoll ist. Der Stadtstaat wirkt wie chaotisch übereinander gestapelt, waghalsige Hochhäuser ragen himmelwärts, die Straßen verlaufen häufig in Tunneln, und man hat schnell die Orientierung verloren. Es ist die reinste Betonwüste, und dennoch fasziniert dieser Ort, in dem die Milliardärsdichte so hoch ist wie sonst nirgendwo.

»Wenn Monaco uns ärgert, blockieren wir es einfach. Das ist kinderleicht. Es reichen zwei Verkehrsschilder ›Einfahrt verboten‹, eines in Cap d'Ail, das andere beim Ausgang in Menton.« Charles de Gaulle, ehemaliger Präsident Frankreichs

Das Adelsgeschlecht der **Grimaldi** herrscht hier seit dem 13. Jh., als sich François Grimaldi einer Legende nach als Franziskanermönch verkleidet nachts in die Burg geschlichen haben soll, um seinen Soldaten die Tore zu öffnen und so die Genuesen zu vertreiben. Sein Denkmal steht bis heute im Hof des Palastes, und im Wappen der Grimaldi sind ebenfalls zwei bewaffnete Mönche abgebildet. Später schlugen die Grimaldis sich mal auf die Seite der Spanier, mal auf die der Franzosen und wehrten alle Begehrlichkeiten auf ihr Reich ab.

Seinen Reichtum verdankt Monaco vor allem den Ende des 19. Jh. gegründeten Spielcasinos und der Abschaffung der Steu-

Blick auf die Hochhauslandschaft Monte Carlos, des vor allem durch seine Spielbank berühmten Bezirks des Stadtstaates Monaco.

ern, die viele wohlhabende Ausländer anzog. 1911 wurde Monaco zur **konstitutionellen Monarchie**, 1962 bekam der Staat eine neue Verfassung, die den Frauen das Wahlrecht zusicherte.

Die **Thronfolge** wurde 2002 noch einmal neu geregelt, denn bis dahin wäre Monaco an Frankreich gefallen, wenn es keinen Thronfolger gegeben hätte. Festgelegt wurde auch, dass nur legitime Nachkommen Anspruch auf den Thron haben – die unehelichen Kinder von Albert II. sind damit ausgeschlossen. Von seinen 2014 geborenen Zwillingen Jacques und Gabriella steht der Sohn nun an erster Stelle, auch wenn er kurz nach seiner Schwester auf die Welt kam.

Weil das Staatsgebiet so klein ist, hat Monaco dem Meer immer wieder Land abgerungen und ist so von 1,6 auf 2,2 km² angewachsen. Derzeit wird an einer künstlichen Halbinsel gebaut, die das Staatsgebiet bis 2025 noch einmal um sechs Hektar erweitern soll. Das Projekt kostet zwei Milliarden Euro und soll angeblich umweltverträglich sein. Kritiker bezweifeln das und fürchten um das maritime Ökosystem vor der Küste.

Die monegassische Fürstenfamilie im Jahr 1980: Fürstin Gracia Patricia mit Stéphanie, daneben Fürst Rainier, davor die Kinder Albert und Caroline.

DIE GRIMALDIS

Schwierigkeiten bei der Partnerwahl

Was wäre die Klatschpresse ohne die Grimaldis in Monaco? Die Dynastie zählt zu den ältesten und reichsten Europas, auch wenn ihr Gebiet gerade mal halb so groß ist wie der Central Park in New York. Traumhochzeiten, Affären, Unfälle, Geburten von Thronfolgern und unehelichen Kindern – die Familiengeschichte der Grimaldis hat viele Kapitel, die bei ihren Fans abwechselnd Neid und Schauder auslösen.

Als die amerikanische Schauspielerin **Grace Kelly** 1955 den Oscar für ihre Rolle »Ein Mädchen vom Lande« erhielt, ahnte sie nicht, dass ihre Schauspielkarriere damit so gut wie beendet war. Wenige Wochen später lernte die 25-Jährige auf dem Filmfestival in Cannes den monegassischen Fürsten **Rainier III.** kennen. Das Treffen war von Journalisten des Klatschblatts »Paris Match« inszeniert worden, die offenbar den richtigen Riecher hatten. Sie schafften es, einen der begehrtesten Junggesellen Europas mit einem der aufregendsten Stars Hollywoods zu verkuppeln. Die Hochzeit im Jahr darauf wurde von den Monegassen bejubelt, die sich wieder mehr Glamour fürs Fürstentum und außerdem einen Thronfolger erhofften.

Sie wurden nicht enttäuscht. Grace Kelly spielte ihre letzte große Rolle als elegante Landesmutter und Erzieherin der drei fürstlichen Sprösslinge Caroline, Albert und Stéphanie mit Bravour – bis sie 1985 auf dramatische Weise ums Leben kam. Sie war mit ihrer damals 17-jährigen Tochter Stéphanie auf einer Serpentinenstraße nahe der Küste unterwegs, als sie wegen eines leichten Schlaganfalls die Kontrolle verlor und das Auto 40 Meter tief einen Abhang hinunterstürzte. Ganz in der Nähe hatte Hitchcock die Verfolgungsjagd für seinen Film »Über den Dächern von Nizza« gedreht – mit Grace Kelly am Steuer und einem verängstigten Cary Grant als Beifahrer. Ob die Fürstin, die das vorzeitige Ende ihrer Schauspielkarriere nie ganz überwinden konnte, auf ihrer letzten Fahrt daran gedacht hatte?

Stéphanie überlebte, verletzt und traumatisiert. Und auch Caroline und Albert litten schwer unter dem jähen Verlust ihrer Mutter. Alle drei hatten ihre Schwierigkeiten bei der Partnersuche. Mittlerweile haben sie insgesamt elf Kinder in die Welt gesetzt, davon mehrere uneheliche, die in Monaco nicht als **Thronfolger** gezählt werden. Das hatte Fürst Rainier III. so bestimmt, obwohl dessen Mutter selbst aus einer unehelichen Verbindung hervorgegangen war.

Im Jahr 2005 starb Rainier III., und **Albert** trat das Erbe an, der sich bisher vor allem für olympisches Bobfahren und die Autorallye Paris–Dakar interessiert hatte. Viele Monegassen atmeten auf, als Albert mit über 50 Jahren endlich die südafrikanische Ex-Schwimmerin **Charlène Wittstock** heiratete und diese dann Zwillinge bekam. Charlène wird von der royalen Fachpresse immer wieder mit Grace Kelly verglichen – wie diese kam sie aus einer ganz anderen Welt und hatte für den Platz an der Seite des Fürsten ihre Karriere aufgegeben. Seit der Thronfolger, der männliche Zwilling Jacques, geboren ist, hat der Medienrummel um das Paar ein wenig nachgelassen. Und Albert II. kann sich wieder verstärkt dem Kampf gegen den Klimawandel widmen.

MONACO F2

Stadtplan → S. 92/93

38 300 Einwohner, davon 9300 Monegassen (24 %)

Sehenswertes

❶ PALAIS PRINCIER

Die Fürstenfamilie lebt »auf dem Felsen«, heißt es in Monaco. Gemeint ist der etwa 300 m breite Felssporn, der ins Meer hineinragt. Er lässt sich recht einfach zu Fuß erklimmen, eine breite Rampe führt durch drei Tore hindurch auf den Vorhof des **Fürstenpalastes**. Wer historische Kostüme mag, bekommt täglich um kurz vor zwölf Uhr ein Spektakel mit Trommeln und Trompeten zur Wachablösung geboten. Die Palastwache trägt im Winter schwarze und im Sommer weiße Uniformen und dazu manchmal Helme mit roten Federbüschen.

Im Hof steht die Statue von dem als Mönch verkleideten François Grimaldi, der im 13. Jh. die Burg erobert haben soll. Auf der gegenüberliegenden Seite reihen sich Kanonen samt ordentlich gestapelten (und miteinander verschweißten) Kanonenkugeln auf, ein Geschenk des Sonnenkönigs Ludwigs XIV. Selbst die Bänke ruhen auf Kanonenkugeln. Auf der anderen Seite des Hofes gibt es eine gute Aussicht auf den unten liegenden Stadtteil **Fontvieille**, der seit den 1980er-Jahren fast vollständig auf aufgeschüttetem Terrain erbaut wurde. In Fontvieille befinden sich auch das **Stadion Louis II**, Spielstätte des AS Monaco, und die **Collection de Voitures Anciennes**, die fürstliche Sammlung historischer Autos (tgl. 10–18 Uhr).

Vom ursprünglichen im 13. Jh. errichteten Palast, der mehrfach umgebaut und vergrößert wurde, ist nur der frei stehende Turm Serravalle erhalten. Ein Teil des Gebäudes lässt sich besuchen, u. a. der **Thronsaal**, in dem die Hochzeit von Fürst Rainier und Grace Kelly gefeiert wurde, und mehrere luxuriöse Salons – aber natürlich nicht die Privatgemächer der Fürstenfamilie. Ob Albert II. zu Hause ist oder nicht, erkennt man an der Flagge, die dann auf dem Turm gehisst wird.

https://palais.mc | tgl. 10–18, Juli, Aug. 10–19 Uhr | Eintritt 8 €

Wachablösung auf Monacos Schlossplatz: Das Corps der Carabiniers du Prince bewacht den Palast und sorgt für die Sicherheit des Fürsten und seiner Familie.

❷ CATHÉDRALE NOTRE-DAME-IMMACULÉE

Einige Schritte weiter liegt die neoromanische, strahlend weiße Kathedrale Notre-Dame-Immaculée, erbaut mit den Steinen aus La Turbie. Die meisten Besucher kommen wegen der Grabstätte der 1982 bei einem Autounfall gestorbenen Fürstin Gracia Patricia, geborene Grace Kelly. Es ist immer mit frischen Blumen geschmückt. Außer ihr haben dort auch fast alle Fürsten von Monaco ihre letzte Ruhestätte.

4, rue Colonel Bellando de Castro

MERIAN TOP 10

❸ MUSÉE OCÉANOGRAPHIQUE

Fürst Albert I. war ein begeisterter Ozeanforscher und verbrachte viel Zeit auf Expeditionen, für die er immer größere und besser ausgestattete Forschungsschiffe anschaffte. Seine Leidenschaft galt dem Leben in der Tiefsee, wo er mehrere neue Tierarten entdeckte, u. a. einen beschuppten Tintenfisch, der nach den Grimaldis benannt wurde. Als Albert I. 1889 bei

SEHENSWERTES

1 Palais Princier
2 Cathédrale Notre-
   Dame-Immaculée
3 Musée Océano-
   graphique ★
4 La Condamine
5 Opéra und Casino

ESSEN UND TRINKEN

1 La Montgolfière
2 Marché de la
   Condamine

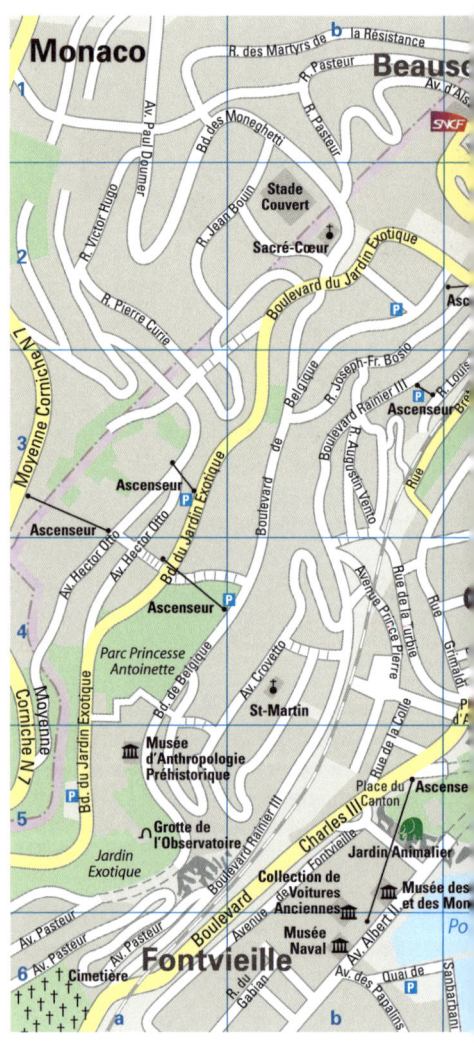

Monte Carlo

Bd. de Suisse

Av. de Roqueville

Av. Princesse Alice

rincesse Charlotte

et Respiro

Bd. de Suisse

Av. de la Costa

Av. de l'Hermitage

Sq. Beau-
marchais

Place
du Casino

5 Opéra und
Casino

Lanvotto

f

1

Av. de Monte Carlo

Centre
de Congrès,
Auditorium

Pointe
Focinana

Ascenseur

Ascenseur

Av. d'Ostende

Bd.

Bd. Louis II

Ascenseur

Yacht Club
de Monaco

Ste-Dévote

Pl. Ste-
Dévote

Av. Prés. J. F. Kennedy

Quai des États-Unis

2

utomobile
lub

Bd. Albert

Quai Albert I

P

P

Bateau-Bus

Port Hercule

3

P

P

mine

aroline
e de Millo

Quai Albert I

Rue Saige

Ascenseur

Quai Antoine I

Av. de la Quarantaine

Théâtre du
Fort Antoine

4

Rue des
Açores

Av. du Port

Av. de la Porte Neuve

Av. des Pins

Av. des Pins

Loth

Musée de la Chapelle
de la Visitation

5

Princier

1

Historial
des Princes
de Monaco

1

Monaco

de

P

Ascenseur
Monte-Carlo-Story

Pl. du
Palais

Rue

Émile

Mairie

Av. St-Martin

3 Musée
Océanographique

usée
apoléonien

2

Cathédrale
Notre-Dame-
Immaculée

Jardins
St-Martin

eille

d

Pointe St-Martin

e

0   150 m

N

© MERIAN-Kartographie

6

Interessantes und Wissenswertes aus der Welt der Meere präsentiert das Musée Océanographique, hier eine Wechselausstellung zum Thema Haie.

der Pariser Weltausstellung seine Entdeckungen präsentierte, kam ihm die Idee, ein eigenes Museum zu gründen. Das 1910 eingeweihte imposante Gebäude steht an der Südseite des Felsens und erstreckt sich in den unteren Etagen bis zum Meer hinunter. Das **Aquarium** beherbergt wunderschöne und seltene Wasserkreaturen: transparente Quallen, die mit ihren Tentakeln Schleiertänze aufführen, tropische Fische in allen Farben, Tintenfische, die drei Herzen und neun Hirne besitzen, eine riesige Muräne, die sich ab und zu gemächlich aus ihrem Versteck windet. Es ist weltweit das erste Ozeanmuseum, dem es gelungen ist, Korallen zu züchten.

In der oberen Etage befindet sich ein wahres Kuriositätenkabinett mit vielen Erinnerungsstücken der frühen Forschungsreisen. Sehenswert sind die damaligen Tauchanzüge aus Leder und Metall, an die eiserne Gewichte gehängt wurden, um nach unten zu gelangen. Das Museum wirbt für den Erhalt der Biodiversität und zeigt auch, was Plastikmüll in den Ozeanen anrichtet. Auf den Getränkeautomat mit Einwegflaschen am Ausgang hätte es konsequenterweise besser verzichtet.

Im **Garten** lohnt sich ein Abstecher zum Becken der Meeresschildkröten, wo man die gemächlichen Tiere über und unter Wasser beobachten kann. Es sind Schildkröten, die in Fischernetze geraten oder sonstwie verletzt worden sind. Sie werden gesund gepflegt und dann wieder ausgesetzt.

Darüber hinaus lädt das Museum regelmäßig zeitgenössische Künstler zu Einzelausstellungen ein.

Av. Saint-Martin | www.oceano.mc | tgl. 10–19, Juli, Aug. 9.30–20, Okt.–März 10–18 Uhr | Eintritt je nach Saison 11–16 €

❹ LA CONDAMINE

Direkt unterhalb des Fürstenfelsens erstreckt sich das Viertel Condamine, in dem es sogar einen kleinen Wochenmarkt gibt, der zwischen all dem Luxus fast ein wenig deplaziert wirkt. Über eine der Einkaufsstraßen, vorbei an Immobilienagenturen mit ihren skurril teuren Angeboten, gelangt man zum Hafen, **Port Hercule**, in dem die Luxusjachten im Wasser schaukeln. Mit einem 352 m langen Schwimmdeich, der von Spanien hertransportiert wurde, hat Monaco 2002 die Zahl der Liegeplätze verdoppelt und eine Anlegestelle für Kreuzfahrtschiffe geschaffen. Von dem Deich aus hat man einen guten Blick auf das Fürstentum. Mitten im Hafen liegt auch das im Jahr 1962 eröffnete **Freibad** mit seinen olympischen 50-Meter-Bahnen – als habe der damalige Fürst Rainier III. geahnt, dass sein Sohn Albert sich eines Tages eine olympische Schwimmerin angeln würde. Zur Hochzeit von Albert II. und der südafrikanischen Sportlerin Charlène Wittstock gab es 2011 ein Konzert von Jean-Michel Jarre im Hafen.

Die kleine Kirche **Sainte-Dévote** nordwestlich des Hafens, die der Patronin Monacos gewidmet ist, gelangte bei der fürstlichen Hochzeit ebenfalls ins Rampenlicht. Hier legte Charlène der Tradition gemäß ihren Brautstrauß ab. Beim Gesang eines Marienlieds liefen ihr Tränen über die Wangen und lösten wilde Spekulationen in einschlägigen Medien aus, ob ihr Ja zu Albert wirklich von Herzen gekommen sei.

❺ OPÉRA UND CASINO

Als Monaco Mitte des 19. Jh. mit Roquebrune und Menton bedeutende Teile seines Staatsgebietes abhanden kamen, hatte Fürst Charles eine originelle Idee: Eine **Spielbank** sollte helfen, die Staatsfinanzen zu sanieren. Der Plan ging auf, Ende des Jahrhunderts trug das Casino sagenhafte 95 Prozent zum Staatshaushalt bei. Das lag auch daran, dass inzwischen die Eisenbahnstrecke von Paris bis nach Monaco verlängert worden war und Glücksspiele anderswo verboten waren.

Damit die Einwohner ihr Geld nicht gleich wieder im Casino verspielten, verbot Fürst Charles ihnen kurzerhand den Zutritt zum Casino. Dabei ist es bis heute geblieben: Laut Gesetz dürfen Monegassen nicht an Glücksspielen in den Casinos im eigenen Land teilnehmen. Falls sie es doch tun, können sie ihren Gewinn nicht abholen, denn da wird der Personalausweis verlangt.

Heute sind es ohnehin in erster Linie wohlhabende Ausländer, die ihre Luxusautos vor dem pompösen Gebäude abstellen, in dem **Spielbank** und **Oper** untergebracht sind. Charles Garnier, der Architekt der Pariser Oper, hat hier eine kleinere und noch üppiger dekorierte Version seines Pariser Modells bauen lassen. Spektakulär ist die Loge des Fürsten mit Baldachin, die an der Rückwand zu kleben scheint.

Die Spielbank ist frei zugänglich, allerdings lassen die uniformierten Türsteher nur angemessen gekleidetes Publikum hinein. Die prunkvoll ausgestatteten Räume können vormittags besichtigt werden, bevor der Spielbetrieb beginnt.

Neben dem Casino liegt das **Hôtel de Paris**, wo einst Churchill abgestiegen ist und sich heute Casino-Besucher von ihren Zockernächten erholen. Vom Café de Paris gegenüber lässt sich das Kommen und Gehen auf dem Vorplatz des Casinos bei einem Espresso für fünf Euro wunderbar beobachten.

www.montecarlocasinos.com | Besuche tgl. 10–13, Spielbetrieb ab 14 Uhr | Eintritt 17 €

Vor Beginn des Spielbetriebs werden die Kassen für die Spieltische im Casino von Monaco mit Jetons und Spielmarken bestückt.

Der rund 400 m lange Strand von Larvotto im Osten Monacos ist bei Einheimischen und Touristen beliebt und als einziger kostenlos zugänglich.

Übernachten

Luxuriöse Gastlichkeit
METROPOLE S. 93, nördl. e1

Palmen säumen den Weg zum Haus aus der Belle Époque in der Nähe des Casinos. Karl Lagerfeld hat den Außenbereich mit Swimmingpool gestaltet, drei Restaurants und eine Bar stehen den Gästen zur Verfügung, dazu ein Fitnessraum.

4, av. de la Madone | Tel. 00377/ 93 15 15 15 | www.metropole.com | 133 Zimmer | €€€€

Modern und gut
ODALYS PRESTIGE APPART'HÔTEL
S. 93, nördl. f1

Oberhalb von Monaco gelegenes Appartementhotel. Die Studios sind knapp 30 m² groß, ausgestattet mit Klimaanlage, Küchenzeile und Balkon – einige mit Blick zum Meer. Nach Monte Carlo und zum Strand geht man eine Viertelstunde zu Fuß.

31, bv. du Général-Leclerc (Beausoleil) | Tel. 04 97 07 14 86 | www.odalys-vacances.com | 76 Zimmer | €€

Essen und Trinken

① In Palastnähe
LA MONTGOLFIÈRE

Die Speisekarte passt sich dem jahreszeitlichen Angebot auf dem Markt an. Küchenchef Henri Geraci bietet typisch monegassische Spezialitäten wie Stockfisch, aber er gibt seinen Gerichten gerne auch eine asiatische Note, etwa Maki mit Gänseleberpastete. Die Bedienung ist freundlich, es gibt einige Plätze auf der Terrasse in der Fußgängerzone.

16, rue Basse (Monaco-Ville) | Tel. 00 377/97 98 61 59 | www.lamont golfiere.mc | Mi, So geschl. | €€€

(2) *Einfach, aber charmant*
MARCHÉ DE LA CONDAMINE

Die Markthalle in Condamine füllt sich mittags schnell. Es werden lokale Gerichte angeboten wie *socca* (Kichererbsenfladen) und Mangold-Kuchen, aber auch Pasta mit Trüffeln oder Brathähnchen mit Ratatouille. Die Preise sind landesuntypisch niedrig, man sitzt an langen Tischen neben den Leuten aus dem Viertel. Die Atmosphäre ist locker und freundlich.

Pl. des Armes (Condamine) | tgl. 7–17 Uhr | €

Einkaufen

Luxusboutiquen, die internationale Modelabel führen, finden sich zuhauf rund um das Casino und in der Avenue Princess-Grace.

Abendgestaltung

Magnet für Nacht-schwärmer
LE JIMMY'Z S. 93, nordöstl. f1

Seit 40 Jahren die nächtliche Anlaufstelle für alle, die lieber feiern, als mit dem Glück zu spielen. Zahlreiche bekannte DJs treten hier auf. Der Club hat seit 2017 ein neues Design und präsentiert sich mit Pool und schwimmender Bar. Champagner wird hier gern auch aus Methusalem-Flaschen ausgeschenkt.

Le Sporting Monte-Carlo, Av. Princesse-Grace | Tel. 00 377/98 06 36 36 | Mai–Aug. tgl. ab 23.30, Sept.–April Do–So ab 23.30 Uhr

Strände

Sonnen und Baden
PLAGE DU LARVOTTO
S. 93, nordöstl. f1

Östlich von Monte Carlo erstreckt sich der öffentlich zugängliche Strand Plage du Larvotto. Allerdings versinkt hier die Sonne schon nachmittags hinter den hohen Häusern. Eine Alternative bietet das geheizte Meerwasser-Freibad mit Sprungturm und Rutsche im Hafen, das Stade Nautique Rainier III.

ÈZE F2

2500 Einwohner

Es ist eines der bekanntesten und auch schönsten »villages perchés«, der Dörfer, die wie Adlerhorste am Felsen kleben – und deswegen auch stark touristisch geprägt. Der Ortsname wird von der ägyptischen Göttin Isis abgeleitet, der die Phönizier hier einen Tempel errichtet hatten. Schon vor unserer Zeitrechnung soll es eine Fluchtburg auf dem gut 400 m hohen Felssporn gegeben haben. Im Mittelalter wurde die Festung ausgebaut, damit die Bevölkerung sich vor den Angriffen der Sarazenen und anderer Invasoren schützen konnte.

Sehenswertes

ALTSTADT

Am Eingangstor des Dorfes ist bis heute die Aufhängung der Zugbrücke zu erkennen. Der alte Ortskern ist autofrei, allerdings schieben sich im Sommer oft Besuchergruppen durch die gewundenen Gassen. Auf den Terrassen der Restaurants lässt sich die tolle Aussicht bestens genießen.

JARDIN EXOTIQUE

Von der mittelalterlichen Burg sind nur noch malerische Ruinen übrig, die heute von einem Exotischen Garten umgeben sind. Hier wachsen mächtige Kakteen, Agaven und andere Sukkulenten. Auch hier ist der Blick auf die Küste spektakulär. Bei klarer Sicht lässt sich sogar Korsika erkennen.

www.jardinexotique-eze.fr | tgl. 9–16.30, April–Juni, Okt. 9–18.30, Juli–Sept. 9–19.30 Uhr | Eintritt 6 €

NIETZSCHE-WEG

Zur Ortschaft Èze gehört auch Èze-Bord-de-Mer, 400 Höhenmeter weiter unten an der Küste. Beide Ortsteile sind durch einen etwa 2 km langen Spazierweg verbunden, der den Namen des deutschen Philosophen trägt. Der Weg ist mit roten Balken markiert, führt an Oliven- und Kastanienbäumen vorbei und teilweise über recht hohe Stufen.

Friedrich Nietzsche hatte sich 1883 für mehrere Monate in Nizza einquartiert. Er war bereits so schwer krank, dass er seine Professur aufgegeben hatte. Zudem hatte er sich gerade von der von ihm verehrten Lou Salome einen Korb geholt. An der Côte d'Azur arbeitete er an einem seiner Hauptwerke »Also sprach Zarathustra«: »Jene entscheidende Partie (…) wurde im beschwerlichsten Aufsteigen von der Station zu dem wunderbaren maurischen Felsenneste Èze gedichtet«, schrieb er später.

Übernachten

In Traumlage 400 Meter über dem Meer
CHÂTEAU DE LA CHÈVRE D'OR

Hier wurde der Heiratsvertrag von Rainier von Monaco und Grace Kelly ausgehandelt, und hier logierten schon Hugh Grant, Clint Eastwood und andere Prominente, wie dem Gästebuch zu entnehmen ist. Das Vier-Sterne-Hotel begann als Restaurant mit zwei Zimmern und erweiterte sich auf mehrere Häuser des historischen Ortskerns. Heute gehört es zu Relais & Châteaux, der weltweiten Vereinigung von Luxushotels und Restaurants. Das Restaurant bietet gehobene mediterrane Küche und natürlich eine grandiose Aussicht.
Rue du Barri | Tel. 04 92 10 66 66 | www.chevredor.com/| 40 Zimmer | €€€€

Zimmer im Schloss
CHÂTEAU EZA

Das 400 Jahre alte Château war einmal die Residenz eines schwedischen Prinzen. Heute bietet das Fünf-Sterne-Hotel mit Natursteinfassade luxuriös ausgestattete Zimmer und Suiten mit herrlicher Aussicht. Das gute Restaurant verfügt über eine Traumterrasse.
Rue de la Pise | Tel. 04 93 41 12 24 | www.chateaueza.com | 14 Zimmer | €€€€

Essen und Trinken

Terrasse im Grünen
LE NID D'AIGLE

Neben dem Jardin Exotique gelegen und mit einer schönen Terrasse ausgestattet, von Weinreben und alten Bäumen umgeben, werden mediterrane Speisen serviert.
1, rue du Château | Tel. 04 93 41 19 08 | tgl. 9–18 Uhr außer Mi | €€

MENTON G2

28 750 Einwohner

Es ist noch immer, wie Gustave Flaubert es beschrieb: »Italien beginnt. Das ist hier zu spüren.« Die sonnengelben Häuser, die Zitronen- und Mandarinenbäume in den Straßen, die Straßencafés, in denen man bereits im Januar draußen sitzen kann – dazu die Berge im Rücken, das Mittelmeer vor den Augen.

Menton war im 14. Jh. in den Besitz der Grimaldis gekommen und gehörte bis 1861 zu Monaco. Kurz nach dem Wechsel auf die französische Seite erlebte die Stadt ihre große Blütezeit. 1872 wurde Menton an die Strecke Marseille–Ventimiglia angebunden. Bald darauf kamen viele reiche **Engländer** und **Russen**, um dem heimatlichen Winter zu entfliehen und ihre Krankheiten zu kurieren. Ärzte rieten Tuberkulose-Patienten den Aufenthalt in Menton. Der schottische Satiriker Thomas Carlyle nannte Menton »das größte britische Sanatorium im Ausland«. Auch die britische Königin Victoria und die neuseeländische Schriftstellerin Katherine Mansfield hielten sich hier auf. Es wurden Villen und Luxushotels gebaut – die im Krieg zu Lazaretten und später zu Wohnungen umgewandelt wurden. Auf dem Friedhof der Stadt sind auf vielen Grabsteinen englische und russische Namen zu lesen.

Doch pflegten die Briten nicht nur ihre Leiden, sondern frönten im geschützten Mikroklima von Menton auch ihrer Gartenleidenschaft. So entstanden hier wunderbare **Gärten** – manche allerdings nur im Rahmen einer Führung zugänglich.

Seit Mitte der 1950er-Jahre kam der Dichter, Maler und Filmemacher **Jean Cocteau** immer wieder nach Menton – wenn er nicht gerade in der Villa seiner Mäzenin Francine Weisweiler in Saint-Jean-Cap-Ferrat die Wände bemalte. Die Stadt hat ihn nicht nur den Hochzeitssaal des Rathauses dekorieren lassen, sondern ihm auch zwei Museen gewidmet.

Heute gilt Menton in Frankreich als Rentnerparadies. Tatsächlich machen die Ruheständler etwa 30 Prozent der Bevölkerung aus. Und jährlich im Februar findet das berühmte **Zitronenfest** statt, bei dem tonnenweise Zitrusfrüchte zu skurrilen Skulpturen verarbeitet werden.

Wer die schmale Rue Longue zu Mentons Altstadt hinaufklettert, kommt zur italienisch anmutenden Barockkirche Basilique Saint-Michel.

Sehenswertes

BASILIQUE SAINT-MICHEL-ARCHANGE

Hoch über den schmalen Häusern der Altstadt erhebt sich die Barockkirche mit ihrer in warmen Tönen bemalten Fassade, die mit Säulen und Skulpturen geschmückt ist. Auf dem Vorplatz erinnert das **Grimaldi-Wappen** als Mosaik aus runden Kieseln an die früheren Herren der Stadt. Im barocken Innenraum sind Deckenfresken mit dem Erzengel Michael und Heiligenskulpturen am Altar aus dem 16. Jh. zu sehen.

Place de l'Église | Mo–Fr 10–12, 15–17, Juli, Aug. 16–18 Uhr

MUSÉE JEAN COCTEAU – LE BASTION

Die kleine Festung an der Hafenmauer von Menton befand sich in einem ruinösen Zustand, als Jean Cocteau begann, es in ein kleines Museum umzuwandeln, das ihm als Ausstellungsort für seine Arbeiten dienen sollte. 1966, drei Jahre nach dem Tod des Künstlers, wurde es eröffnet.

Quai Napoléon III | Tel. 04 93 18 82 61 | www.museecocteaumenton.fr | Mi–Mo 10–18 Uhr | Eintritt 8 €

Skulpturen weisen den Weg zum Musée Jean Cocteau – Le Bastion, das, wie der Name bereits verrät, in einer kleinen Festung untergebracht ist.

MUSÉE JEAN COCTEAU COLLECTION SÉVERIN WUNDERMAN

Der amerikanische Sammler Séverin Wunderman hatte sein Leben lang Werke von Cocteau gesammelt und 1985 ein erstes Museum in Kalifornien gegründet. Langfristig wollte er die Werke aber in die Heimat des Künstlers zurückbringen, und so vermachte er seine komplette Sammlung der Stadt Menton. Der Architekt Rudy Ricciotti, der auch das MUCEM in Marseille entworfen hat, schuf ein markantes Gebäude, in dem 2011 ein Cocteau-Museum eröffnet wurde. Seit einer Überschwemmung 2018 ist das Museum auf unbestimmte Zeit wegen Renovierungsarbeiten geschlossen. Ein Teil der Sammlung ist daher im Museum Le Bastion (→ S. 103) zu sehen.

2, quai de Monléon | www.museecocteaumenton.fr

● IM VORBEIGEHEN ENTDECKT

CIMETIÈRE DU VIEUX CHÂTEAU

Ein kurzer Spaziergang führt auf einen Hügel hinauf, auf dem der Friedhof liegt. Viele Briten und andere Ausländer, die wegen des milden Klimas nach Menton gekommen waren, blieben hier bis zu ihrem Tod. Auch der britische Gründervater des Rugbys ist 1928 in Menton gestorben. »Dieser Stein erinnert an die Großtat von William Webb Ellis, der im Jahr 1823 in feiner Missachtung der Regeln des Fußballs, wie er zu seiner Zeit gespielt wurde, als Erster den Ball in seine Hände nahm, damit davonrannte und so das entscheidende Merkmal des Rugbyspiels begründete«, so ist mit unverkennbar britischem Humor auf seinem Grabstein zu lesen.

Place du Cimetière | tgl. 7–18, Mai–Sept. bis 20 Uhr

JARDIN BOTANIQUE EXOTIQUE DE VAL RAHMEH

Britischen Hobbygärtnern ist es zu verdanken, dass dieses kleine Paradies existiert, in dem einheimische und exotische Pflanzen sich wunderbar mischen. 1905 hatte ein britischer Offizier, der zuvor in Südafrika im Einsatz gewesen war, den ehemaligen Gutshof erworben und ihm den Namen seiner Frau Rahmeh gegeben. Später ging er in den Besitz einer reichen britischen Dame über, die Gelände dazukaufte und alles aufwendig bepflanzte. Heute wachsen dort mehr als 700 tropische und subtropische Pflanzen, darunter Kiwis, Avocados und Bananen, aber auch Gewürze wie Pfeffer und Kardamom. Zu den Besonderheiten zählen der Toromiro-Baum, eine endemische Pflanzenart der Osterinsel, die dort zeitweise ausgestorben war, und Riesenseerosen, deren Blätter an Kuchenformen erinnern und deren Blüten über Nacht die Farbe wechseln.

Av. Saint-Jacques | www.mnhn.fr | tgl. 9.30–12.30, 14–17, April–Sept. 14–18 Uhr | Eintritt 7 €

SERRE DE LA MADONE

Von seinen Reisen nach Asien, Australien und Afrika brachte der englische Gartenarchitekt Sir Lawrence Johnston zahlreiche Pflanzen mit und legte auf seinem etwa sechs Hektar großen Grundstück im Gorbio-Tal ein Stück außerhalb von Menton einen Garten an. Das Klima im Windschatten der Alpen lässt sie bis heute wunderbar gedeihen, Wassergarten und Brunnen schaffen eine zauberhafte Atmosphäre.

74, route de Gorbio | www.menton.fr | Di–So 10–18, Jan.–März 10–17 Uhr, Nov., Dez. geschl. | Eintritt 8 €

Jean Cocteau und Bürgermeister Francis Palermo beim Enthüllen und Signieren der Wände des Hochzeitssaals im Rathaus von Menton im März 1958.

EIN UNIVERSALGENIE

Auf den Spuren von Jean Cocteau

Jean Cocteau (1889–1963) war ein Kreativer auf zahlreichen Gebieten: Er schrieb Gedichte, Romane und Drehbücher, entwarf Kostüme, malte, töpferte, drehte Filme und trat als Schauspieler auf. Das ein oder andere Werk entstand im Opiumrausch; er musste sich wegen seiner Dogenabhängigkeit medizinisch behandeln lassen. In der französischen Künstlerszene war er bestens bekannt, pflegte Kontakt zu Marcel Proust, Igor Strawinsky und Pablo Picasso – war allerdings auch mit Arno Breker und Leni Riefenstahl befreundet, den bekanntesten Künstlern Nazideutschlands.

Als der Bürgermeister von Menton ihm vorschlug, die Wände des **Hochzeitssaals** im **Rathaus** auszumalen, kam ihm das gerade recht. Er habe »genug von Tinte und Schreibtisch«, erklärte er und widmete sich zwei Jahre lang der Dekoration des Saales, der 1958 eingeweiht wurde.

Dabei entwickelte Cocteau einen sehr eigenwilligen Stil: An der Stirnwand ist ein **junges Paar** mit typischen Kopfbedeckungen der Region zu erkennen. Die Frau trägt einen unter dem Kinn gebundenen Strohhut (*capeline*), den Kopf des Mannes bedeckt eine rote Fischermütze. Sein Auge hat zudem die Form eines Fisches. An der rechten Wand wird eine **Hochzeitsfeier** gezeigt, wobei der Bräutigam auf dem Pferd aus einer kuriosen Froschperspektive zu sehen ist. Linker Hand ist der aus der griechischen Mythologie bekannte Sänger und Dichter **Orpheus** mit seiner Leier dargestellt, der sich zu seiner Geliebten Eurydike umdreht und sie damit zu verlieren droht. Die tragische Geschichte des Paars, das sich abwechselnd verliert und wiederfindet, hatte Cocteau zuvor bereits zu einem Theaterstück und einem Film inspiriert.

Das nationale Symbol der Republik, die **Marianne**, durfte in dem Saal für zivile Eheschließungen natürlich nicht fehlen. Cocteau verzichtete auf eine klassische Büste, ließ aber eine Marianne mit Schmollmund in die Spiegel gravieren und schickte dem Innenministerium ein Foto mit dem Kommentar: »Bitte sehr, mein lieber Minister, hier ist die Marianne im Spiegel, der sie unendlich wiederholt.«

Noch während Cocteau am Hochzeitssaal arbeitete, bot ihm der Bürgermeister an, in der Stadt ein eigenes Museum zu gründen. Die Wahl fiel auf eine kleine Festung, **Le Bastion**, an der Hafenmauer von Menton, die im 17. Jahrhundert zum Schutz der Stadt errichtet worden war. Cocteau stattete diese selber aus, u. a. mit einem großen Eidechsen-Mosaik, einem Symbol für das »herrliche mediterrane Faulenzen«, wie er erklärte. Das Museum wurde allerdings erst 1966 eingeweiht, drei Jahre nach dem Tod des Künstlers. Er starb an einem Herzinfarkt, kurz nachdem er über den Tod der mit ihm befreundeten Sängerin Edith Piaf informiert worden war.

Übernachten

Ruhig schlummern
VILLA LES MIMOSAS

Vier charmante Gästezimmer in einer ockerfarbenen Villa mit grünen Fensterläden locken ins hügelige Hinterland von Menton. Ein Garten mit einem halbrunden Schwimmbecken lädt zum Ausruhen ein. Fünf Autominuten vom Stadtzentrum entfernt.

2221 Route de l'Annonciade | Tel. 04 93 41 32 82 | www.villales mimosas.com | 4 Zimmer | €€

Komfortabel
HÔTEL NAPOLEON

An der Gavaran-Bucht steht das elegant ausgestattete Haus mit beheiztem Swimmingpool, Fitnessräumen und Lounge. Die Zimmer mit Meerblick haben eine Terrasse. Es sind etwa zehn Minuten zu Fuß in die Stadt.

29, porte de France | Tel. 04 93 35 89 50 | www.napoleon-menton. com | 44 Zimmer | €€€

Essen und Trinken

Speisen mit Meerblick
LES SABLETTES BEACH

Das schicke Strandlokal mit weiß-grauer Deko bietet gehobene franko-italienische Küche, Fisch vom Grill, Ravioli und Risotto – alle Gerichte sind gut, und der Blick ist hervorragend.

2, promenade de la Mer | www. sablettesbeach.com | Tel. 04 93 35 44 77 | tgl. bis Mitternacht, Nov., Dez. geschl. | €€

Regionale Spezialiäten aus Menton und Nizza
MAISON MARTIN ET FILS

Familie Martin bewirtet ihre Gäste auf einer einladenden Terrasse und serviert ihnen sämtliche Köstlichkeiten, die die örtliche Küche zu bieten hat, u. a. frittierte Zucchiniblüten, *barbajuan* (frittierte Ravioli mit Mangold), *pelotons* (Mangold-Knödel) und *tripes* (Innereien).

7, rue des Marins | Tel. 04 93 35 74 67 | Di–Sa | €€

Einkaufen

Süßes fürs Frühstück
CONFITURES HERBIN

Über die Stadt hinaus bekannt ist dieser Familienbetrieb, in dem seit mehr als vier Jahrzehnten Konfitüren hergestellt werden, vor allem natürlich aus Zitrusfrüchten.

Höhepunkt in Mentons Festkalender ist das Zitronenfest im Februar, bei dem mit Zitrusfrüchten geschmückte Wagen an den Zuschauern vorbeiziehen.

Daneben gibt es auch Gelees, Honig und Senf zu kaufen. Die Manufaktur kann auch besichtigt werden.

2, rue du Vieux-Collège | www. confitures-herbin.com | Mo–Sa 9.15–13, 14–19, So 10.30–12.30, 15–18 Uhr

Im Zitronenland: alles aus der magischen Frucht
AU PAYS DU CITRON

Wer nicht zum Zitronenfest im Februar in der Stadt ist, kann hier einiges nachholen. Im Angebot ist alles, was sich mit Zitronen aromatisieren lässt: Pastis, Wodka, Olivenöl, Konfitüren. Besucher können auch zusehen, wie die süßen Sachen entstehen: Zitronenkuchen, Lemon Curd oder Zitronenschokolade.

22, rue Saint-Michel | www.au paysducitron.fr | tgl. 10–19, Mitte Juni–Mitte Sept. 10–0 Uhr

Allerlei Gaumenfreuden
MARKT

Die Markthalle von Menton in florentinischem Stil ist nicht nur der Treffpunkt der Köche und Hausfrauen. Rundherum breiten sich zahlreiche Stände aus, an denen man heiße *socca* (Kichererbsenfladen), *barbajuan* (frittierte Ravioli) oder *fougasse* (Gebäck mit Orangen- oder Anisgeschmack) kaufen kann.

Blick auf Roquebrune-Cap-Martins Dächerlandschaft und die Halbinsel Cap Martin.

ROQUEBRUNE-CAP-MARTIN G2

12 900 Einwohner

Der trutzige Wehrturm der **Burg** ist schon von Weitem zu sehen. Im Bergdorf Roquebrune-Cap-Martin steht die einzige gut erhaltene Festung Frankreichs aus der Karolingerzeit. Erbaut wurde sie um 970, später kaufte sie einer der Grimaldi-Fürsten von Monaco, zusammen mit dem gesamten Dorf. Doch 1860 sagten sich die Einwohner von Monaco los und stimmten per Referendum dafür, zu Frankreich zu gehören.

Die Burg lässt sich über mehrere Etagen erkunden, von der Terrasse hat man eine schöne Aussicht auf die roten Dächer des Dorfes und die grüne Halbinsel **Cap Martin**, wo Kaiserin Eugenie, die Ehefrau Napoleons III., sich nach dem Tod ihres Mannes regelmäßig aufhielt. Die österreichische Kaiserin Sisi war ihrerseits Stammgast im Grand Hôtel am Cap Martin.

Die Einwohner der Bergdorfes sind besonders stolz auf ihren knorrigen Olivenbaum (*l'olivier millénaire*) am Ortsausgang, der einen Umfang von 18 m hat und etwa 2000 Jahre alt sein soll. Vor dem Baum führt eine Treppe zum **Friedhof**, auf dem der schweizerisch-französische Architekt Le Corbusier (1887–1965) gemeinsam mit seiner vor ihm verstorbenen Frau begraben liegt. Das Grabmal hatte Le Corbusier selbst entworfen.

Sehenswertes

VILLA E-1027 UND DIE STRANDHÜTTE VON LE CORBUSIER

Die kastenförmige weiße **Villa** am Ufer des Cap Martin wurde 1926–1929 von der irischen Architektin Eileen Gray und ihrem Mann Jean Badovici gebaut. Der seltsame Name enthält die Initialen der beiden Gründer: E=Eileen, 10=J für Jean, der 10. Buchstabe im Alphabet. Der Stil ist nüchtern und kompakt. Im Inneren ist die Villa so organisiert, dass sich viele Rückzugsmöglichkeiten für die Bewohner ergeben.

Einer dieser Gäste war Le Corbusier, der sich schließlich in der Nachbarschaft eine **Strandhütte** baute – in dem für ihn typischen funktionellen Stil und an die menschlichen Proportionen angepasst. Seit 2016 zählt sie zum Welterbe. Die Hütte hat einen quadratischen Grundriss von 3,66 x 3,66 m und ist 2,26 m hoch. Sie ist mit schlichten Holzmöbeln ausgestattet, die Toilette ist nur durch einen Vorhang abgetrennt. Le Corbusier bemalte auch die Wände der Villa E-1027, allerdings gegen den Willen von Eileen Gray, die rein weiße Wände bevorzugte. Besuche sind nur nach Anmeldung möglich.

Tel. 06 48 72 90 53 | https://capmoderne.com | Mai–Okt. Di–Sa, vier Führungen tgl. | Eintritt 18 €

Essen und Trinken

Logenplatz
LES DEUX FRÈRES

Auf dem Belvedere am Eingang des historischen Dorfes steht die alte Dorfschule, in der heute ein kleines Hotel und ein schickes Restaurant untergebracht sind. Der Name »Die beiden Brüder« verdankt sich zwei großen Felsen, die den Platz begrenzen.

1, place des Deux Frères | Tel. 04 93 28 99 00 | www.lesdeuxfreres.com | Mi–So | €€

Kuchenverlockung
FRAISE ET CHOCOLAT

Das charmante kleine Café am Ortseingang bietet seinen Gästen kleine Speisen und hausgemachten Kuchen an.

1, av. Raymond Poincaré | www.fraise-chocolat.fr | Tel. 06 67 08 32 20 | tgl. 8–18 Uhr | €

CANNES UND UMGEBUNG

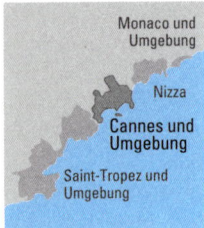

Roter Teppich in Cannes, rosa Rosen in Grasse, orangenfarbige Ölfässer in Saint-Paul-de-Vence – es ist eine farbenfrohe Gegend rund um die Filmhauptstadt. Während des Festivals ist es voll und teuer, aber auch sehr unterhaltsam. Im Winter entfaltet Cannes seinen ganz eigenen Charme.

Cannes verdankt seinen Aufstieg zu einem der beliebtesten Orte an der Côte d'Azur letztlich einer Cholera-Epidemie. Die hielt nämlich den britischen Lordkanzler **Henry Brougham**, einen Vorkämpfer für die Abschaffung der Sklaverei, von der Weiterreise nach Italien ab. Brougham mietete sich daher 1834 mit seiner Tochter in dem einzigen Hotel des Fischernests ein. Dort genoss er die Bouillabaisse und den Blick auf das rote Esterel-Massiv und entschloss sich innerhalb nur weniger Tage, dort eine Villa bauen zu lassen. Bis zu seinem Lebensende hielt er sich immer wieder lange in Cannes auf und lockte dank seiner hervorragenden Verbindungen allerlei High Society an die Côte d'Azur.

»Sie [die Briten] haben sich hier eingerichtet wie in einem eroberten Land ...«
Prosper Mérimée (französischer Schriftsteller, 1803–1870) über die Briten in Cannes

Als Brougham 1868 starb, wurde er auf dem Cimetière du Grand Jas in Cannes beigesetzt. Fast die ganze Stadt kam zu seiner Beerdigung. Zu dieser Zeit zählte Cannes bereits 35 Hotels und mehr als 200 Villen.

Dass Cannes nach den beiden Weltkriegen an die frühere Glanzzeit anknüpfen konnte, verdankt es dem **Filmfestival**. Es brachte erneut illustre Gäste an die Küste, die in den renovierten Hotels und Villen der Belle Époque logieren.

Die Bucht von Cannes aus der Vogelperspektive mit ihrem Jachthafen Pierre Canto und dem daran anschließenden Cap de la Croisette.

Cannes hat weniger historische Monumente und markante Museen als andere Küstenorte, aber eine hübsche Flaniermeile, mehrere schöne Sandstrände und einen herrlichen Markt. Es ist außerdem ein guter Ausgangsort für Ausflüge auf die Lérins-Inseln und das hügelige Hinterland.

An mehreren Orten der Region hat **Picasso** Spuren hinterlassen: In Cannes wohnte er zeitweise in der Villa La Californie, in Antibes ist ihm ein Museum gewidmet, in Vallauris hat er getöpfert, in Mougins steht sein letztes Wohnhaus.

Für Kunstliebhaber lohnen sich auch Ausflüge nach Vence, wo Matisse eine Kapelle gestaltet hat, und nach Saint-Paul-de-Vence, wo die **Fondation Maeght** moderne und zeitgenössische Werke in einer wunderbaren Museums- und Parkanlage ausstellt. In Cagnes-sur-Mer lässt sich das ehemalige Wohnhaus von Auguste Renoir besuchen, das der Maler sich inmitten von Oliven- und Orangenhainen bauen ließ.

Und wer Patrick Süskinds Roman »Das Parfum« gelesen hat, wird um einen Besuch von **Grasse** nicht herumkommen, der historischen Parfumhauptstadt, in der im Mittelalter noch Gerber die Luft verpesteten. Heute laden die Parfumhersteller Besucher gern ein, ihren »eigenen Duft« zu kreieren und dafür dann fast so viel zu bezahlen wie für eine bekannte Marke.

CANNES E3

Stadtplan → S. 115

73 300 Einwohner

Cannes hat viele Gesichter, es kommt immer darauf an, wann man kommt und wo man sich befindet. Selbst während des Filmfestivals, wenn die Croisette zum Laufsteg wird und vor den Hotels kreischbereite Selfie-mit-Promi-Jäger warten, kann man ein paar Laufminuten entfernt mit Marktverkäufern plaudern oder in einem ruhigen Straßencafé in der Sonne sitzen. Der **Festivalpalast**, der den Betoncharme der 1970er-Jahre ausstrahlt, wurde ursprünglich für das Filmfestival gebaut, zieht aber längst auch andere Veranstaltungen an, etwa Musik- oder Immobilienmessen. Wann immer eine Messe stattfindet, ist die Stadt voll, und die Unterkünfte sind noch teurer als sonst.

Wenn gerade weder Messen abgehalten werden noch Sommerferien sind, lässt es sich in Cannes herrlich aushalten. Alles ist zu Fuß erreichbar, vom Bahnhof zum Strand sind es keine zehn Minuten zu Fuß. Die **Croisette** ist kleiner und gemütlicher als die Promenade des Anglais in Nizza. Es gibt noch eine klassische Geschäftsstraße zum Bummeln und kein riesiges Einkaufszentrum. Man hat die Wahl zwischen mehreren öffentlichen **Sandstränden**, und der nächste Kiosk mit olivenöltriefenden *bagnats* (Thunfisch-Brötchen) ist nie weit. Wer gerne selber kocht, findet auf dem **Marché de Forville** die besten Zutaten für eine leckere Mittelmeerküche sowie lokale Köstlichkeiten wie *socca* und frittierte Zucchiniblüten.

SEHENSWERTES

1. La Croisette ⭐
2. Palais des Festivals et des Congrès
3. Allée des Lumières ⬤
4. Port Vieux
5. La Malmaison
6. Port Pierre Canto

ÜBERNACHTEN

1. La Villa Tosca
2. Hôtel des Orangers

ESSEN UND TRINKEN

3. Astoux et Brun
4. La Table du Chef
5. La Brouette de la Grand-Mère

EINKAUFEN

6. La Croisette
7. Rue d'Antibes
8. Rue Meynadier
9. Marché Forville 🚩
10. Cinema de la Plage 🚩

An der Croisette, der Uferpromenade in Cannes, bieten zahlreiche blaue Metallstühle den Spaziergängern einen wunderbaren Blick in die Ferne.

Sehenswertes

❶ LA CROISETTE

Palmen, Kiefern, riesige bepflanzte Töpfe und blaue Stühle – die Croisette ist der perfekte Ort zum Schlendern und Leute anschauen. Der Uferweg in Cannes ist nach dem Vorbild in Nizza angelegt und von luxuriösen Hotels und Geschäften gesäumt. Die Strände vor den Hotels kosten alle Eintritt, dafür gibt es Liegen, Sonnenschirme und schicke Strandrestaurants.

Das markanteste historische Gebäude der Croisette ist das Fünf-Sterne-Hotel **Carlton InterContinental** mit den beiden grauen, eierförmigen Türmchen. Es hat immer schon die Stars des Festivals beherbergt und einige seiner Suiten nach ihnen benannt, etwa nach Grace Kelly, Sophia Loren, Sean Penn oder Sharon Stone. Traditionell logiert hier die Jury des Festivals.

Während des Festivals warten häufig Schaulustige darauf, Promis oder sonstige auffällige Persönlichkeiten zu entdecken. Manchmal bekommen sie unerwartete Überraschungen geboten, wie etwa eine Turneinlage des muskelbepackten Schauspielers Jean Claude Van Damme auf seinem Balkon, der seinen Fans von dort sein T-Shirt zuwarf.

② PALAIS DES FESTIVALS ET DES CONGRÈS

Der Festivalpalast ist eine der Bausünden aus den 1970er-Jahren, an die man sich in Cannes gewöhnt hat. Zum Haupteingang führen die berühmten 24 Stufen hinauf, die während des Filmfestivals drei Mal täglich mit neuer Auslegeware bedeckt werden – schließlich wird der rote Teppich bei jeder Premiere von Hunderten von Stiletto-Absätzen malträtiert. Ist man einmal drin im Palais, findet man nur mit viel Glück und Orientierungssinn sein Ziel. Der Festivalpalast zählt vermutlich zu den unübersichtlichsten Gebäuden Frankreichs. Die Goldene Palme wird am Ende im Grand Théâtre Louis Lumière vergeben, wo die Leinwand immerhin 19 x 8 m groß ist.

IM VORBEIGEHEN ENTDECKT

③ ALLÉE DES LUMIÈRES

Rund um den Festivalpalast haben mehr als 370 Stars ihre Handabdrücke hinterlassen, unter ihnen Catherine Deneuve und Leonardo DiCaprio, beide vor dem Haupteingang, sowie Diane Kruger und Wim Wenders. Und gegenüber des Palastes steht die Statue des britischen Lordkanzler Henry Brougham, der Cannes auf die Karte der High Society gesetzt hat.

④ PORT VIEUX

Am westlichen Ende der Croisette liegt der gemütliche alte Hafen am Fuße des Hügels **Le Suquet**, des historischen Ortskerns von Cannes. Dort oben hatten die Mönche der Insel Saint-Honorat im 11. Jh. einen Wachturm bauen lassen. Im Fall eines Angriffs auf ihr Kloster konnten sie mit Signalfeuern um Hilfe rufen. Der Ausblick lohnt den kurzen, aber steilen Spaziergang. Während des Filmfestivals lädt der Bürgermeister hier oben die Jury und Einwohner der Stadt zum traditionellen Aïoli-Essen.

⑤ LA MALMAISON

Gleich neben dem modernen Bau des Grand Hotels befindet sich das Kunstzentrum La Malmaison in einer weißen Villa aus dem 19. Jh. Es zeigt jährlich zwei Ausstellungen zeitgenössi-

scher Künstler und dient während des Filmfestivals als Vor-
führort der **Quinzaine des réalisateurs,** die nach den 1968er-
Unruhen als Gegenfestival gegründet worden war.

47, La Croisette | www.cannes.com/fr/culture/centre-d-art-la-malmaison.
html | Mo–Fr 9–17 Uhr | Eintritt je nach Ausstellung

⑥ PORT PIERRE CANTO

Am südöstlichen Ende der Croisette gelangt man – vorbei an
einem öffentlichen Strand – zum Hafen Pierre Canto, wo vor
allem während des Festivals eine Jacht protziger als die andere
Eindruck schinden will. Häufig ist dort auch das historische
Segelboot O'Remington vor Anker, auf dem schon Federico
Fellini und Maria Callas rauschende Parties gefeiert haben.
Das seit 1929 bestehende **Casino Palm Beach** an der Spitze der
Landzunge, in dem sich früher die Prominenz traf, soll dem-
nächst in ein Luxushotel umgewandelt werden.

Übernachten

Es ist nicht leicht, außerhalb
des Winters in Cannes ein
Hotelzimmer zu einem ange-
messenen Preis zu finden, besonders wenn Festivals und
Messen stattfinden. Mehr als
die Hälfte aller Hotelzimmer
befinden sich in Vier- und
Fünf-Sterne-Häusern.

① *Zentrale Lage*
LA VILLA TOSCA

Charmantes kleines Hotel mit
schöner Belle-Époque-Fassa-
de, eingerichtet im Lounge-
Stil, mit Naturholz und frischen Grüntönen. Man ist in
wenigen Minuten an der
Croisette und am Meer. Das
Frühstück ist reichhaltig und
lecker. Einige der Zimmer haben sonnige Balkons.

11, rue Hoche | Tel. 04 93 38
34 40 | www.villa-tosca.com |
22 Zimmer | €€

② *Ruhige Unterkunft*
HÔTEL DES ORANGERS

In einem Wohnviertel etwas
oberhab des Zentrums gelegen, mit komfortabel ausgestatteten Zimmern, in denen
die Farben der Sonne und des
Meeres den freundlichen Eindruck unterstreichen. Manche Zimmer sind klein, wer
mehr Platz braucht, ist in

Frisch aus dem Meer kommen Fisch und Meeresfrüchte und sind in vielen Restaurants in Cannes die Stars auf der Speisekarte, hier Austern mit Zitronenviertel.

denen mit Balkon oder Terrasse besser aufgehoben. Es gibt außerdem ein beheiztes Schwimmbad, das im Winter überdacht wird.

1, rue des Orangers | Tel. 04 93 39 99 92 | www.hoteldesorangers cannes.com | 52 Zimmer | €€€

Essen und Trinken

③ *Meeresfrüchte*
ASTOUX ET BRUN
Seit drei Generationen werden hier Gäste mit frischesten Meeresfrüchten bewirtet – appetitlich angerichtet auf einem großen Tablett, das auf einem Metallständer steht. Dort liegen Austern, Langusten, Krabben, halbe Hummer und Seeschnecken in fein ge-

hacktem Eis, dazwischen ein paar Zitronenviertel. Dazu werden Baguette mit salziger Butter und ein trockener Weißwein gereicht – und das Leben ist schön!

27, rue Felix Faure | Tel. 04 93 68 06 22 | tgl. 12–14, 19.30–22 Uhr | €€

④ *Bistroküche*
LA TABLE DU CHEF
Der Küchchef, Bruno Gensdarme, hat sein Pariser Restaurant vor Jahren für dieses charmante kleine Bistro in Cannes verlassen, ohne es je zu bedauern. Seine Zutaten holt er frisch vom Markt, gekocht wird daraus, was immer ihn inspiriert.

5, rue Jean-Daumas | Tel. 04 93 68 27 40 | So, Mo geschl. | €€

Von Dienstag bis Sonntag ist der Markt von Forville eine ausgezeichnete Anlaufstelle für alles Gute aus Küche und Keller der Côte d'Azur.

⑤ *Ein Menü für alle*
LA BROUETTE DE LA GRAND-MÈRE

Hier braucht man nicht lange die Karte zu studieren, es gibt ein Menü für alle, wobei man zwischen mehreren traditionellen Vor- und Hauptgerichten wählen kann. Es gibt je nach Saison in Madeira gekochte Nierchen, *pot-au-feu* (Gemüsesuppe mit Rindfleisch), gegrillte Markknochen oder gebratene Wachteln. Der Speiseraum mit seinen dunkelroten Wänden und historischen Plakaten ist gemütlich. Und vor der Tür steht das Gefährt, das dem Restaurant seinen Namen gab: die hölzerne Schubkarre der Großmutter.

9 bis, rue d'Oran | Tel. 04 93 39 12 10 | www.labrouettedegrand mere.fr | tgl. ab 19 Uhr | €€

Einkaufen

⑥ *Für den prall gefüllten Geldbeutel*
LA CROISETTE

Ob Chanel oder Prada, Hermès oder Bulgari, Chopard oder Fendi, Valentino oder Cartier – viele internationale Luxusmarken sind an der Promenade vertreten und wetteifern um die originellsten Schaufenster und die irrwitzigsten Preise.

⑦ Von der Boutique bis zur Chocolaterie
RUE D'ANTIBES

Die ehemalige königlich-kaiserliche Straße, die Toulon mit Antibes verband, ist heute eine Geschäftsstraße. Während des Filmfestivals dekorieren die Bekleidungsläden ihre Schaufenster mit Abendgarderobe in allen Farben und Preislagen.

⑧ Bummel über Cannes' Fußgängerzone
RUE MEYNADIER

Die relativ kurze Fußgängerzone führt zum Altstadthügel Suquet. Hier befinden sich Spezialitätengeschäfte wie der Käseladen Cénéri, Feinkost Ernest und Süßwaren von Jean-Luc Pelé.

4 MERIAN EMPFEHLUNG

⑨ Frischegarantie
MARCHÉ FORVILLE

An den Ständen in der Markthalle Forville gibt es vor allem Obst und Gemüse aus der Region. Die beste Qualität gibt es an Ständen, an denen die Produzenten direkt verkaufen. Die Köche der Sterne-Restaurants sind meistens schon früh am Morgen unterwegs. Wer ein Picknick plant, kann sich hier wunderbar mit Proviant eindecken.

Place du Marché Forville | Di–So 7–13, Mo 8–18 Uhr Antiquitäten

Abendgestaltung

MERIAN EMPFEHLUNG **5**

⑩ Open-Air-Kino
CINEMA DE LA PLAGE

Eine Besonderheit bietet die Plage Macé neben dem Festivalpalast: Während der Zeit des Filmfestivals findet hier, wo untertags Familien mit Kindern Sandburgen bauen, jeden Abend Cinema de la Plage, Strandkino, statt.

Plage Macé, Eintritt frei

Strände

Öffentliche Sandstrände mit Duschen finden sich nahe des Festivalpalastes und am Ende der Croisette kurz vor dem Jachthafen Pierre Canto. Etwas weiter an der Pointe de la Croisette gibt es ebenfalls einen Strand, der meist ruhiger ist als die an der Uferpromenade. Auch die Plage du Midi westlich von Le Suquet ist ein guter Ort für ein Bad in der Sonne und im Meer.

Einst wie heute werden die Stars, die zum Filmfestival in Cannes einlaufen, von Paparazzi umlagert, hier die Schauspielerin Sophia Loren bei ihrem Besuch 1958.

KARNEVAL DER EITELKEITEN

Hinter den Kulissen des Filmfestivals

Zwei Tonnen Hummer und 9000 Flaschen Champagner – das sind die Mengen, die in einem der vielen Luxushotels in Cannes während des Filmfestivals serviert werden. Das Personal wird für die Zeit verdoppelt, denn wenn die Stars mit ihrem Gefolge und die internationalen Filmcrews an die Côte d'Azur kommen, dann herrscht dort Ausnahmezustand.

Die etwa 20 Filme, die im Wettbewerb um die **Goldene Palme** konkurrieren, sind nur eine Facette dieses schillernden Festivals, bei dem es auch um Prominenz, Luxus und Geschäfte geht. Viele der extravaganten Kleider, die die weiblichen Gäste auf dem roten Teppich vorführen, sind nur geliehen. In manchen Fällen sind auch die Frauen, die sie tragen, nur als augenfällige Begleiterinnen gemietet.

Es sind keineswegs nur Kinofreunde, die die 24 Stufen zum **Festivalpalast** hinaufschreiten, in dem die Premieren gezeigt werden. Der ein oder andere, der sich zuvor ausgiebig den Fotografen gezeigt hat, dreht hinter der ersten Tür ab und verlässt das Gebäude durch einen Seitenausgang, ohne den Film angesehen zu haben. Die echten Fans würden viel darum geben, bei einer Premiere dabei zu sein. Schon am frühen Morgen sammeln sich vor dem Festivalpalast Menschen in Abendkleidung (denn nur in solcher wird man hineingelassen) und buhlen mit mehr oder weniger pfiffigen Plakaten um Aufmerksamkeit. »Ich habe meiner Freundin heute einen Heiratsantrag gemacht und würde gerne mit ihr in die Premiere gehen«, war da schon zu lesen.

Für akkreditierte **Journalisten** gibt es eigene Vorstellungen ab 8.30 Uhr morgens. Dabei entscheidet eine Art Kastensystem, wie lange man warten muss. Alte Cannes-Hasen und Vertreter großer Medien haben weiße Plastikkarten um den Hals baumeln, die weniger wichtigen Journalisten haben rosa oder blaue Karten und verabreden sich auch mal zwei Stunden vor Filmbeginn zum Picknick in der Warteschlange.

Bevor ein Film gezeigt wird, erklingt seit Jahrzehnten der gleiche **Jingle**, er entstammt der Suite »Karneval der Tiere« des französischen Komponisten Camille Saint-Saëns – was zum Karneval der Eitelkeiten ganz gut passt. Während der Premiere sitzen FilmemacherInnen und SchauspielerInnen in der Ehrenreihe; und wenn der Film gut ankommt, gibt es oft minutenlangen Beifall und Tränenwischerei bei den Gefeierten.

Das Festival hat lange Zeit männliche weiße Regisseure bevorzugt, nähert sich aber allmählich einem ausgeglichenerem Programm. Die Goldene Palme hat in den mehr als 70 Jahren seit Bestehen des Festivals allerdings nur eine Frau gewonnen, nämlich Jane Campion für ihren Film »Das Piano« (1993).

Wer zufällig während des Festivals in der Region weilt, sollte unbedingt einen Abstecher nach Cannes unternehmen – ohne dort zu übernachten, denn die **Hotelpreise** vervielfachen sich in dieser Zeit. Ein Bummel über die Croisette ist unterhaltsamer als mancher Film. Und am Abend gibt es am Strand Gratisvorstellungen von Filmklassikern, für die Liegestühle aufgestellt werden (→ S. 121). Darin liegend den Sternenhimmel, das Plätschern der Wellen und das Geschehen auf der Leinwand zu genießen ist einfach wunderbar.

ÎLE SAINTE-MARGUERITE E3

Einwohner von Cannes packen gern ein Picknick und Badezeug ein, wenn sie die Fähre zur Insel Sainte-Marguerite nehmen, der größten Insel der Îles de Lérins, der Inselgruppe, zu der auch die kleine Nachbarinsel Saint-Honorat (→ S. 194) gehört. Wer sich nicht gleich in einer der Buchten niederlässt, kann die Insel in etwa zwei Stunden zu Fuß umrunden. Aleppokiefern und Steineichen wachsen am Wegesrand, es duftet nach Eukalyptus. Man kommt am Teich Bateguier (Étang du Batéguier) vorbei, in dem sich Meer- und Süßwasser vermischen. Dieser liegt in einem Vogelschutzgebiet.

Das **Fort Royal** an der Nordseite der Insel ist eine ehemalige Festung, die vom 17. Jh. an als Staatsgefängnis diente. Ihr berühmtester Insasse war der Mann mit der Maske, ein Zeitgenosse des Sonnenkönigs Ludwig XIV., von dem bis heute nicht sicher ist, wer es gewesen ist. Auch wenn die Maske wohl eher aus Stoff denn aus Eisen war, hat sie ihren Zweck offensichtlich gut erfüllt. Der Mann starb unerkannt nach einem Transfer in das Pariser Gefängnis Bastille.

Seine Zelle im Fort Royal lässt sich im Meeresmuseum, **Musée de la Mer**, besuchen. Es zeigt außerdem Fundstücke aus Schiffswracks sowie von Ausgrabungen auf der Insel. In mehreren Aquarien lässt sich die Unterwasserfauna und -flora anschauen, die rund um die Inseln existiert. In der Nähe des Forts gibt es zwei Restaurants. Fahrräder darf man nicht mitnehmen.

Anfahrt von Cannes aus: Vieux Port, Quai Laubeuf | mehrere Anbieter, u. a. www.riviera-lines.com| tgl. stündlich 7.30–17 Uhr (Juli, Aug. alle 30 Min. bis 18 Uhr) | Fahrt ca. 15 Min. | Hin- und Rückfahrt 15 €

GOLFE-JUAN-VALLAURIS E3

26 000 Einwohner

Die beiden Orte, die auf dem Bahnhofsschild zusammen genannt sind, gehören tatsächlich zu derselben Gemeinde, auch wenn Golfe-Juan (nicht zu verwechseln mit dem nur wenige Kilometer östlich gelegenen Juan-les-Pins) ein kleiner Badeort an der Küste ist und Vallauris im hügeligen Hinterland liegt.

Wenige Kilometer vor der Küste von Cannes liegen die Îles de Lérins, zu denen auch Saint-Honorat gehört – nach Sainte-Marguerite die zweitgrößte der Inseln.

In **Golfe-Juan** hatte Napoleon I. nach seiner Rückkehr aus dem Exil auf Elba angelegt, nachdem die Bewohner von Antibes ihm dies verweigert hatten. Ein Gedenkstein im Hafen und eine Säule mit einer Büste erinnern an den 1. März 1815. Es war der erste der berühmten 100 Tage, in denen Napoleon noch einmal die Herrschaft zu gewinnen versuchte, bevor er dann endgültig nach St. Helena verbannt wurde. Die Säule mit seiner Büste markiert den Beginn der Napoleon-Route (Route Napoléon), auf der Napoleon über die Alpen Richtung Paris zog.

MERIAN EMPFEHLUNG 6

Vallauris ist ein weiterer Ort an der Küste, der eng mit **Picasso** verbunden ist, denn der Künstler entdeckte hier die Töpferei und den Linolschnitt. Im Sommer 1946 traf er auf einer Keramikausstellung Suzanne und Georges Ramié, die in Vallauris die **Töpferwerkstatt Madoura** führten. Picasso experimentierte voller Begeisterung mit dem für ihn neuen Material und schuf bis zu seinem Tod etwa 4000 Teller, Vasen und

Neben der Malerei widmete sich Picasso auch der Töpferei. Hier ein von ihm entworfener Teller, von der Werkstatt Madoura in limitierter Ausgabe produziert.

Skulpturen. Von etwa 600 dieser Tonwaren gab es limitierte Ausgaben mit 25 bis 500 Stücken, die nur die Madoura-Werkstatt anfertigen durfte. Sieben Jahre lang lebte Picasso mit Françoise Gilot und ihren beiden Kindern Claude und Paloma in Vallauris. In der Werkstatt Madoura traf er die junge Verkäuferin Jacqueline, die später seine zweite Ehefrau wurde, nachdem Françoise sich von ihm getrennt hatte. Heute finden sich etwa 80 Werkstätten und Keramikläden in Vallauris, die von Kitsch bis Kunst eine große Auswahl bieten. Alle zwei Jahre findet eine Biennale der zeitgenössischen Keramik statt.

Sehenswertes

CHÂTEAU-MUSÉE

Drei Museen sind in dem ehemaligen Kloster aus dem 12. Jh. untergebracht, das ursprünglich zum Kloster auf der Insel Saint-Honorat gehörte. Im 16. Jh. wurde es komplett umgebaut.

Das **Musée national Picasso** zeigt in der romanischen Kapelle das monumentale Wandgemälde »Krieg und Frieden«, das Picasso 1952 in nur zwei Monaten gemalt hat. Im Unterschied zu seinem Freund und Rivalen Henri Matisse, der in

Vence eine Kapelle mit religiösen Motiven gestaltet hatte, beschränkte sich Picasso auf rein säkulare Elemente. Er wollte, dass die Besucher sein Werk bei Kerzenlicht betrachteten, ähnlich wie eine Höhlenmalerei. Der Krieg ist dargestellt als ein gehörntes Wesen auf einem Streitwagen mit einem von Blut triefenden Schwert und Totenköpfen auf dem Rücken. Seine Pferde zertrampeln ein Buch. Ihm tritt ein Soldat des Friedens gegenüber, der eine Friedenstaube und zugleich ein Frauenporträt (von Françoise Gilot) auf dem Schild trägt. Auf dem Bild des Friedens sind Frauen zu sehen, die Kinder stillen, tanzen oder kochen und Männer, die pflügen oder Flöte spielen.

Traditionelle Keramik aus Vallauris, Art déco, Jugendstil und auch Keramiken von Picasso zeigt das **Musée de la Céramique**. In der zweiten Etage des Museums sind Werke des italienischen Malers Alberto Magnelli zu sehen, der als einer der Pioniere der abstrakten Malerei gilt.

Place de la Libération | www.musee-picasso-vallauris.fr | Mi–So 10–12.15, 14–17, Juli, Aug. tgl. 10–12.45, 14.15–18.15 Uhr | Eintritt 5 €

GALERIE MADOURA

An manchen Tagen formte Picasso bis zu 25 Keramiken in der Werkstatt Madoura. Die Inhaberin und Keramikkünstlerin Suzanne Ramié führte ihn in die Welt der Keramik ein, in der Picasso sich dann regelrecht austobte. Er dekorierte auf immer neue Weise Keramikteller mit Fischen, Frauen, Eulen und Stieren, formte Tongefäße zu Figuren um und schuf eigene Skulpturen. Außer Picasso arbeiteten hier auch Marc Chagall und Henri Matisse. Die frühere Werkstatt dient heute als Galerie.

3, av. Jean-Gerbino | Tel. 04 93 64 74 | www.madoura.com | Mo–Fr 10–13, 14–17 Uhr | Eintritt frei

L'HOMME AU MOUTON

Als Vallauris Picasso zum Ehrenbürger machte, bedankte sich der Künstler mit der Bronzeskulptur »Mann mit Schaf«, die auf dem Marktplatz des Ortes aufgestellt wurde. Sie war einer seiner ersten Skulpturen, die öffentlich ausgestellt wurden.

Place Paul Isnard

Übernachten

Romantisches Quartier
CHAMBRES D'HÔTES MAS SAMARCANDE

Zwischen Vallauris und Golfe-Juan liegt das freundlich eingerichtete Haus mit herrlicher Terrasse und Garten. Dort wird auch das Frühstück serviert – mit Blick auf die Engelsbucht und die Alpen. Falls tatsächlich schlechtes Wetter vorherrscht, gibt es im Aufenthaltsraum einen Kamin.

138, Grand-Boulevard-de-Super-Cannes | Tel. 04 93 63 97 73 | www.mas-samarcande.com | 5 Zimmer | €€

Essen und Trinken

Bistronomie
CAFÉ LLORCA

Spitzenkoch Alain Llorca hat dieses Bistro samt Pâtisserie eröffnet, auf der Terrasse hat man Picassos »Mann mit Schaf« im Blick. Die mediterrane Küche ist ebenso originell wie die Dekoration. Im Mittelpunkt stehen die exzellenten Produkte. Dessert- und Weinkarte sind gut gefüllt.

Pl. Paul Isnard | Tel. 04 93 33 11 33 | www.alainllorca.com/cafe-llorca | €€

Einkaufen

Allerlei Zitrusprodukte
NÉROLIUM

Der Name der Landwirtschafts-Kooperative kommt von Neroli, dem ätherischen Öl, das aus Orangen gewonnen wird. Es gibt dort viele Produkte aus der Region, etwa Konfitüre aus Bitterorangen oder Orangenliköre, aber auch Honig und Olivenöl.

16 bis, av. Georges-Clemenceau | 8.30–12, 14.30–18 Uhr

ANTIBES – JUAN-LES-PINS E3

75 100 Einwohner

Es ist die »Stadt gegenüber« von Nizza, so hatten sie jedenfalls die Griechen genannt (»Antipolis«), die schon im 4. Jh. v. Chr. den hübschen Küstenabschnitt an der Halbinsel für sich entdeckten. Im Mittelalter war der Ort vorübergehend ein Bischofssitz, bis die Bischöfe wegen der häufigen Piratenangriffe nach Grasse auswichen. Im 14. Jh. fiel Antibes an die Grimaldi, die die Stadt später an Frankreich verkauften. Henri IV. ließ

Antibes' Altstadt wird von der Grimaldi-Burg überragt, die im Lauf ihrer Geschichte als Rathaus und Kaserne diente und heute ein Museum beherbergt.

Antibes zu einer Festung ausbauen. Als Napoleon 1815 aus seinem Exil aus Elba geflohen war, versagten ihm die Einwohner von Antibes, dort an Land zu gehen. Für ihre Königstreue erhielt die Stadt anschließend einen Sonderstatus.

Seit der Wende zum 20. Jh. zog das Cap d'Antibes zahlreiche Schriftsteller und Künstler an. Francis Scott Fitzgerald ließ sich von der damaligen Partyszene zu seinem Roman »Zärtlich ist die Nacht« inspirieren, und Pablo Picasso geriet einen Sommer lang im Schloss von Antibes in einen Nachkriegs-Schaffensrausch.

Zur Hochzeit des amerikanischen Saxofonisten Sidney Bechet in Juan-les-Pins zog ein kilometerlanger Umzug durch den Ort, Jazz-Orchester spielten, und es wurde wilder Be-Bop getanzt. Nach seinem Tod kamen seine Musikerfreunde 1960 zu einer musikalischen Hommage zusammen – es war der Beginn eines der bedeutendsten internationalen **Jazzfestivals**.

Antibes lohnt den Besuch nicht nur wegen des Picasso-Museums. In der Altstadt lässt es sich wunderbar bummeln, in der Markthalle am **Cours Massena** gibt es frisches Obst und Gemüse aus der Region, dazu Olivenöl, Lavendelsträuße, *socca* (Kirchererbsenfladen) und drumherum nette Cafés. Im Hafen **Port Vauban**, benannt nach dem Baumeister, der die Festung ausgebaut hat, schaukeln elegante weiße Jachten auf dem Wasser.

Sehenswertes

MUSÉE PICASSO

Es gibt viele Picasso-Museen, aber das in Antibes ist ein ganz besonderes, denn es ist in Picassos ehemaligem Atelier eingerichtet. Als der Künstler im Sommer 1946 an die Côte d'Azur kam, konnte er durch eine glückliche Fügung mit seinem Atelier die obere Etage des Grimaldi-Schlosses beziehen. Er malte auf alles, was sich so fand – Sperrholz, bereits benutzte Leinwände, Keramikteller und auch direkt auf die Wände seiner Wirkstätte, wie etwa »Les Cléfs d'Antibes«, drei Porträts, angefertigt aus wenigen Strichen und Punkten.

Die Picasso-Werke in der zweiten Etage des Museums zeugen von einer kreativen Periode des Künstlers, die geprägt ist von der Lust an der Neukomposition weiblicher Körper, an mediterranem Essen und an mythologischen Wesen. Picasso selbst ist auf Fotos zu sehen, die etwas von der damaligen Atmosphäre vermitteln. Berührend ist eines, das ihn mit einer zahmen kleinen Eule zeigt, die ihm der Fotograf Michel Sima geschenkt hatte. Das Tier und der Künstler haben einen überraschend ähnlichen durchdringenden Blick, und in Picassos Œuvre finden sich immer wieder gemalte oder getöpferte Eulen.

Zu sehen sind auch viele Keramiken, leidenschaftliche Experimente mit einer Technik, die Picasso im historischen Töpfer-Ort Vallauris für sich entdeckte. Auf schlichten Tellern schuf er immer neue Motive, viele inspiriert von den Fischen, die in dem Hafenort wohl täglich auf den Tisch kamen.

In der ersten Etage finden sich Werke zeitgenössischer Künstler, unter anderem von dem aus Dresden stammenden Maler Hans Hartung (1904–1989), der als junger Mann nach Paris gekommen war. Er heiratete die norwegische Malerin

Die Terrasse des Musée Picasso in Antibes dient den Skulpturen von Germaine Richier als Bühne, die in ihrer Arbeit von Picasso beeinflusst ist.

Picassos Schaffensrausch im Süden

»Lebensfreude« heißt ein Bild, das der spanische Künstler Pablo Picasso ein Jahr nach Kriegsende in Antibes gemalt hat. Er war damals 65 und verliebt in die 40 Jahre jüngere Malerin **Françoise Gilot**. Sie tanzt auf dem Gemälde mit erhobenen Armen und fliegenden Haaren, umgeben von Faunen, Mischwesen aus der antiken Mythologie – halb Mensch, halb Ziege – mit grinsenden Gesichtern. Picasso und Françoise hatten sich noch während der deutschen Besatzung in Paris kennengelernt, als Picasso an seinem düsteren Kriegsbild »Guernica« malte.

Doch nun war der Krieg vorbei, und Picasso war wieder in Südfrankreich, wohin er schon seit den 1920er-Jahren häufig im Sommer gereist war. Das erste Mal war er mit seiner russischen Frau Olga nach Juan-les-Pins gekommen, die die Sommergäste aus ihrer Heimat schätzte. Auch seine späteren Geliebten brachte Picasso mit nach Südfrankreich, erst Marie-Thérèse Walter, dann Dora Maar, der er gegen Ende ihrer Beziehung ein Haus in Ménerbes schenkte.

Mit Françoise ließ Picasso sich dann in **Antibes** nieder. Als er eine Werkstatt suchte, traf er den Kurator des Museums im dortigen **Grimaldi-Schloss**, einst die letzte Festung vor der italienischen Grenze. Dieser bot dem Künstler die obere Etage des renovierungsbedürftigen Schlosses als Atelier an, und Picasso verfiel in einen Schaffensrausch. Wenn er nicht arbeitete, begleitete er Françoise zum Strand. Dort hielt der Fotograf Robert Capa den heiteren Moment fest, in dem Picasso seiner jungen Geliebten mit einem Sonnenschirm folgte – was eine gewisse Symbolik hatte, denn Picasso mochte es nicht, wenn Frauen aus seinem Schatten heraustreten wollten. Françoise war die einzige seiner Geliebten, die ihn von sich aus verließ.

Ölfarben und Leinwände waren in der Nachkriegszeit kaum zu bekommen, also malte Picasso mit Bootslack auf Span- und Gipsplatten oder direkt auf die Wand. Ab und zu bediente er sich an der Reserve des Museums und überpinselte Gemälde

Die Aufnahme von 1957 zeigt Picasso mit seiner Ziege Esmeralda, die ihm immer wieder Modell stand – sogar für eine bekannte Bronzeskulptur.

anderer Künstler. Seine Werke feierten das sonnige, genussvolle, erotische Leben am Mittelmeer. Melonen, Seeigel (die Françoise gerne aß), Fische mit Zitronen und mythologische Figuren finden sich auf vielen seiner Gemälde zu sehen. Und weibliche Akte, die Françoise huldigten.

In demselben Sommer entdeckte Picasso auch das **Töpfern** in einer Werkstatt in **Vallauris** (→ S. 125). Für ihn war es ein nahezu göttlicher Akt des Schaffens, in dem er alle vier Elemente – Erde, Wasser, Feuer und Wind – miteinander verband. Er formte Vasen zu weiblichen Gestalten um, gravierte und bemalte Hunderte von Keramiktellern und experimentierte voller Wonne mit dem geschmeidigen Ton.

Als das ungleiche Paar im November abreiste, war Françoise schwanger, und Picasso ließ 23 Gemälde und 44 Zeichnungen zurück, die den Grundstock des heutigen Museums (→ S. 131) bildeten. Er kam aber immer wieder und hatte in den folgenden Jahren noch mehrere Wohnsitze in der Region, erst in einer Villa in Cannes, später im Schloss Vauvenargues, in dessen Garten er 1973 bestattet wurde.

Anna-Eva Bergman gleich zwei Mal und ließ sich in den 1970er-Jahren mit ihr in Antibes nieder. Hartung war Autodidakt und gilt als einer der wichtigsten Vertreter der abstrakten Malerei. In Antibes sind viele Werke mit schwarzen Strichen auf goldgelbem Untergrund zu sehen.

Die Terrasse, die sich zum Meer hin öffnet, bietet nicht nur einen wunderbaren Ausblick, sondern auch markante Skulpturen von Germaine Richier, Miró und Arman.

Château Grimaldi, Place Mariejol | Di–So 10–13, 14–18, Mitte Juni–Mitte Sept. 10–18 Uhr | Eintritt 8 €

CATHÉDRALE NOTRE-DAME L'IMMACULÉE CONCEPTION

Antibes hatte schon im 5. Jh. einen Bischof, nämlich einen der Mönche von der Insel Saint-Honorat. Die von ihm erbaute Kathedrale wurde mehrfach zerstört und wieder aufgebaut, sodass die heutige Kirche gleich neben dem Picasso-Museum mehrere Baustile aufweist. Der Glockenturm ist ein ehemaliger Wachturm aus dem 12. Jh., im Inneren sind romanische Rundbögen erhalten, das Altarbild mit Szenen aus dem Leben Marias hat der Barockmaler Louis Brea geschaffen.

Rue du St-Esprit

MUSÉE PEYNET ET DU DESSIN HUMORISTIQUE

Die Zeichnungen von Raymond Peynet sind das französische Pendant zu den »Liebe ist...«-Karikaturen. Sie zeigen ein verliebtes Paar auf Parkbänken sitzend oder in anderen romantischen Situationen. Peynet schuf seit den 1940er-Jahren etwa 6000 Zeichnungen des Mannes mit der Melone und seiner Geliebten. Peynet ist erstaunlicherweise auch in Japan bekannt, wo ihm gleich zwei Museen gewidmet sind. Wer in Antibes heiratet, bekommt ein von ihm gestaltetes Liebes-Diplom ausgehändigt. In dem Museum, das in einer ehemaligen Schule untergebracht ist, sind auch Arbeiten anderer Karikaturisten zu sehen, etwa Mordillo oder Plantu.

Place Nationale | Di–Sa, Nov.–Jan. 10–13, 14–17, Feb.–Okt. 10–12.30, 14–18 Uhr | Eintritt 3 €

In der im Retrostil gehaltenen Bar L'Absinthe in Antibes' Altstadt lässt sich der namensgebende grünliche Kräuterschnaps, die sogenannte grüne Fee, verkosten.

Essen und Trinken

Raffinierte Gerichte mit speziellem Pfiff
LE COMPTOIR DE LA TOURRAQUE

In einem etwas versteckten Winkel der Altstadt findet sich ein altes Gemäuer mit moderner Dekoration. Unter der Decke mit den dunklen Eichenbalken hängt ein ganzer Wald von Glühlampen, die das Lokal sanft ausleuchten. An der Wand ist ein halbierter Stuhl angebracht. Das Essen ist mindestens ebenso raffiniert und fantasievoll wie die Einrichtung. Die Karte ändert sich jede Woche.

1, rue de la Tourraque | Tel. 04 93 95 24 86 | Do–Di ab 19.30 Uhr | €€

Abendgestaltung

Schnaps im Gewölbekeller
L'ABSINTHE BAR

Der einst verteufelte Kräuterschnaps Absinth darf heute wieder legal ausgeschenkt werden. Bei seinem Verbot 1915 in Frankreich hatte wohl auch die Winzerlobby ihre Finger im Spiel, die Einbußen beim Weinkonsum fürchtete. Gesundheitsgefährdend waren aber wohl nicht die diversen Kräuter, sondern schlichtweg der – teils minderwertige – verwendete Alkohol. Hier lassen sich verschiedene Sorten stilvoll testen, mit dem dazugehörigen Zuckerlöffel.

25bis, cours Massena | tgl. 9–21, Do–Sa 9–1 Uhr | €€

Die Hotellegende am Cap d'Antibes hat seit ihrem Bestehen viele Künstler, Schriftsteller und Filmprominenz in ihren Räumen einquartiert.

HÔTEL DU CAP-EDEN-ROC

Rettungsringe und hohe Promi-Dichte

»An der schönen Küste der französischen Riviera, auf halbem Weg zwischen Marseille und der italienischen Grenze, steht ein großes, stolzes, rosafarbenes Hotel. Ergebene Palmen fächeln der erröteten Fassade Luft zu, und davor erstreckt sich ein wunderbarer kleiner Strand. In letzter Zeit nutzen es viele berühmte und elegante Menschen als Sommerfrische.« So beginnt der Roman »Zärtlich ist die Nacht« des amerikanischen Schriftstellers **Francis Scott Fitzgerald**, der sich in den 1920er-Jahren am Cap d'Antibes aufhielt. Das beschriebene Hotel gibt es immer noch. Die Fassade ist inzwischen weiß, doch immer noch zieht das Hotel die Reichen und die Schönen an. Es gilt als eines der besten und teuersten Europas.

Eine private Residenz und ein Rückzugsort für Schriftsteller sollte es eigentlich sein – Villa Soleil, so der ursprüngliche Name. Der Gründer der französischen Zeitung »Le Figaro«

zählte zu den Investoren. Als Geschäftsmodell brachte es jedoch nicht den gewünschten Erfolg, und so wurde das herrschaftliche Anwesen bereits 1870 in ein Hotel umgewandelt. Zu dieser Zeit kamen vor allem Briten und Russen in den Wintermonaten, um der heimischen Kälte zu entfliehen.

Erst in den 1920er-Jahren kamen auch **Sommergäste** ins Hotel du Cap und sonnten sich rund um das spektakuläre Schwimmbecken, für das man einen Teil des Felsens weggesprengt hatte. Viele Schriftsteller und Künstler hielten sich hier auf, neben anderen Ernest Hemingway, Pablo Picasso und Marc Chagall, der in einer der hölzernen Strandkabinen zeichnete.

Eines Tages segelten der Erbe des Backpulverkonzerns **Rudolf Oetker** und seine Frau Maja vor der Küste an dem Hotel vorbei. Ohne es je von innen gesehen zu haben, beschlossen sie, es zu kaufen. Da Oetker ein höchst verschwiegenes Unternehmen war, tauchte das Hotel lange nur unter der Zeile »Diverses« in der Bilanz auf. Die Oetkers mochten Luxus, aber keine Gadgets. Lange gab es weder Fernseher noch Haartrockner oder Minibars auf den Zimmern. Auch Kreditkarten waren bis vor einigen Jahren noch verpönt. Man zahlte bar oder per Überweisung, und für die Zimmer gibt es bis heute altmodische Messingschlüssel mit Rettungsring-Anhängern. Es wurde auch auf gepflegte Kleidung geachtet, selbst der damalige Premierminister Jacques Chirac durfte erst im Speisesaal erscheinen, nachdem er eine Krawatte angelegt hatte.

Wenn in Cannes alljährlich im Mai das Filmfestival beginnt, ist im Hotel du Cap-Eden-Roc die **Promi-Dichte** am höchsten. Zahlreiche Filmemacher und Schauspieler quartieren sich gerne hier ein. Dann haben sie es auch nicht weit zu den Gala-Abenden, die große Schmuckhersteller oder Wohltätigkeitsorganisationen organisieren.

Das Hotel hat 118 Zimmer, die recht bieder in Pastelltönen mit geblümten Stoffen dekoriert sind, außerdem zwei Villen, die jeweils über ein eigenes Schwimmbad verfügen. Wer sich nicht sicher ist, ob er kurzfristig noch ein Zimmer bekommt, macht es einfach wie der dänische Regisseur Lars von Trier und reist mit seinem Wohnmobil an.

BIOT E3

10 000 Einwohner

Mindestens zwei Gründe gibt es, das malerisch auf einer Berg-kuppe gelegene Dorf zu besuchen, das »Biott« ausgesprochen wird: das Museum Fernand-Léger und die Glasbläserei. Schon die Römer hatten entdeckt, dass der tonhaltige Boden hier gut geeignet war, um große Vorratskrüge für Wein und Öl herzu-stellen. Als Metallbehälter die Tongefäße ablösten, ging dieser Wirtschaftszweig vorübergehend zurück. Doch dann kam der Aufschwung der Ferienhäuser und der riesigen Blumentöpfe für deren Terrassen, und in Biot wurde wieder getöpfert. Außerdem hatte sich in Biot inzwischen die Glasbläserei ent-wickelt, die bis heute viele Besucher anzieht.

Sehenswertes

MUSÉE NATIONAL FERNAND-LÉGER

Fernand Léger (1881–1955) hatte in seiner Frühzeit mit dem Kubismus geflirtet und später farbenfrohe Monumentalwerke geschaffen, u. a. für das UN-Gebäude in New York. Die Fassade des Museums ist mit riesigen Mosaiken geschmückt, die post-hum nach seinen Zeichnungen angefertigt wurden. Sie waren eigentlich für das Niedersachsenstadion in Hannover geplant, kamen aber nie dorthin, weil der Künstler vorher starb.

255, chemin du Val-de-Pôme | www.musee-fernandleger.fr | Mi–Mo 10–18, Nov.–April bis 17 Uhr | Eintritt 5,50 €

VERRERIE DE BIOT UND L'ÉCOMUSÉE

Das kleine Museum zeigt die Geschichte und Techniken der Glasbläserei. Hier erfährt man auch, wie die Luftbläschen ins Glas kommen, die ursprünglich als Schönheitsfehler galten, dann aber zum Stilelement wurden. In der Galerie sind die Arbeiten zeitgenössischer Glaskünstler ausgestellt. Und natür-lich gibt es auch einen Laden, in dem man Gläser mit und ohne Bläschen für alle Gelegenheiten kaufen kann.

Chemin de Combes (an der D 4) | www.verreriebiot.com | Mo–Sa 9.30–18 Uhr (Sommer bis 20 Uhr) | Eintritt ins Museum 3€

Haut-de-Cagnes, die auf einem Hügel rund um das Grimaldi-Schloss gelegene Oberstadt, ist der historische Teil des Ortes Cagnes-sur-Mer.

SAINTE-MADELEINE

Ein Spaziergang durch das Dorf führt zum arkadengesäumten Marktplatz, wo sich die Kirche Sainte-Madeleine befindet. Das Gotteshaus, im 15. Jh. errichtet, ersetzte einen romanischen Vorgängerbau aus dem 12. Jh. Das bemerkenswerte Altarbild der Maria mit dem Rosenkranz stammt von dem um 1450 in Nizza geborenen Barockmaler Louis Brea.

CAGNES-SUR-MER E3

48 000 Einwohner

Der Ort besteht aus drei Teilen: zum einen aus dem mittelalterlichen Ortskern Haut-de-Cagnes auf einem Hügel mit Schloss und Stadtmauer, wo enge, verwinkelte Gassen das Bild bestimmen, zum anderen dem Küstenort Cros-de-Cagnes mit einem 3 km langen Kieselstrand und der Neustadt Cagnes-Ville, zu der die Domaine des Collettes gehört, wo Auguste Renoir seine letzten Lebensjahre verbrachte.

Auf die Spuren von Auguste Renoir kann man sich im Musée Renoir in Cagnes-sur-Mer begeben, das einen Blick in das Atelier des Künstlers ermöglicht.

Sehenswertes

MUSÉE RENOIR

Auguste Renoir mochte die Idylle, und er mochte das milde Klima an der Côte d'Azur. Er war Anfang 60 und litt schon an Arthrithis, als er mit seiner Frau Aline und den drei Kindern in den Süden zog. Ein paar Jahre mietete er verschiedene Unterkünfte, 1907 kaufte er schließlich den alten Bauernhof **Les Collettes**, der mitten in Oliven- und Orangenhainen lag. Er wäre selber wohl in das alte Bauernhaus gezogen, das dort stand, aber seiner Familie zuliebe ließ er eine große Villa bauen, in der er bis zu seinem Tod wohnte und arbeitete. Dort empfing er auch viele Künstlerfreunde, unter ihnen Henri Matisse, Auguste Rodin und Pablo Picasso.

Trotz seiner entzündeten Gelenke malte Renoir stetig weiter, unterstützt von seiner Familie und den Hausangestellten. Sie mischten ihm die Farben und reichten ihm die Pinsel, die er mit seinen verkrümmten Fingern am Ende kaum noch selber halten konnte. Und als er nicht mehr laufen konnte, ließ er sich mit seinem Rollstuhl dorthin bringen, wo er arbeiten wollte, häufig in die grüne Umgebung seines Hauses. Alter und Krankheit hielten den schaffensfrohen Künstler auch nicht davon ab, in seinen letzten Jahren noch einmal etwas Neues zu beginnen und sich der Skulptur zu widmen.

Renoir starb im Alter von 78 Jahren in Les Collettes und hinterließ ein umfangreiches Œuvre, bestehend aus etwa 6000 Kunstwerken. Sein Sohn Jean, der Filmemacher wurde, drehte auf dem Anwesen seiner Kindheit später den **Film** »Das Frühstück im Grünen«. Die Stadt Cagnes erwarb die Domaine Les Collettes im Jahr 1960 und wandelte den letzten Wohnsitz des Malers zu einem **Museum** um.

Auch wenn dort nur etwa 15 Gemälde von Renoir zu sehen sind, lohnt der Besuch, denn er gibt einen guten Einblick in das Leben des ungemein kreativen und arbeitseifrigen Künstlers, dessen Motive heute oft kitschig wirken. Die Bilder sind repräsentativ für seine Lieblingsmotive: Porträts, weibliche Akte und die Landschaft rund um Les Collets. Zu sehen sind auch Werke anderer Künstler, die sich von Renoir haben inspirieren lassen, etwa der »Bal au Moulin de la Galette« von Raoul Dufy. Im Untergeschoss finden sich die Skulpturen, die er gemeinsam mit dem katalanischen Künstler Richard Guino geschaffen hat.

Besonders beeindruckend ist Renoirs ehemalige **Werkstatt**, in der noch der hölzerne Rollstuhl und eine Staffelei stehen – als habe er eben dort noch gesessen und eines dieser rotwangigen Mädchen vom Lande oder einen alten Olivenbaum gemalt.

Chemin des Colettes | www.cagnes-tourisme.com | Mi–So 10–12, 14–17, April, Mai 10–12, 14–18, Juni–Sept. 10–13, 14–18 Uhr | Eintritt 6 €

GRIMALDI-SCHLOSS

In der mittelalterlichen Oberstadt, autofrei und mit kopfsteingepflasterten schmalen Gassen, überwölbten Treppen und Häusern aus dem 15. bis 17. Jh., liegt das ehemalige Grimaldi-Schloss, das noch aus dem 14. Jh. stammt. Dort sind unter anderem ein Olivenmuseum und Wechselausstellungen moderner und zeitgenössischer Kunst zu sehen.

Place Grimaldi | Mi–So 10–12, 14–18 Uhr | Eintritt 4 €

Übernachten

Historische Mauern
LE CAGNARD

Wer alte Mauern und idyllische Orte liebt, wird sich in diesem Vier-Sterne-Hotel gut aufgehoben fühlen. Das Haus aus dem 13. Jh. schmiegt sich an die Stadtmauer von Haut-de-Cagnes. Die romantischen Zimmer sind mit alten Büchern, Bildern und Antiquitäten dekoriert. Schon Präsident Jacques Chirac, die Beatles und Robert De Niro sollen sich hier wohlgefühlt haben.

54, rue Sous Barri | Tel. 04 93 20 73 21 | www.lecagnard.com | 28 Zimmer | €€€

Essen und Trinken

Der Geschmack der Provence
FLEUR DE SEL

Philippe Looses Liebe gilt alten Gemüsesorten und dem Geschmack vergangener Zeiten. Er kocht gemeinsam mit seiner Frau frische Produkte der Saison, etwa Jakobsmuscheln mit Artischockenpüree oder Rinderfilet mit Mangold und Kartoffel-Blinis. Das perfekte Restaurant für ein romantisches Abendessen.

85, montée de la Bourgade | Tel. 04 93 20 33 33 | www.restaurant-fleurdesel.com | Fr–Di ab 19 Uhr | €€€

VENCE E3

19 000 Einwohner

Kunstliebhaber und Wanderer werden in Vence besten bedient. Der mittelalterliche Ortskern auf einer Hügelkuppe ist gut erhalten und lädt zum Bummeln und Essen im Freien ein. Mehrere Künstler haben hier gelebt und gearbeitet, unter ihnen Henri Matisse, der während des Zweiten Weltkriegs aus Angst vor drohenden Bombardierungen von Nizza ins Hinterland flüchtete. In Vence lernte er die spätere Ordensschwester Monique Bourgeois kennen, auf deren Wunsch hin er eine Kapelle gestaltete. Später lebte auch Marc Chagall eine Weile in Vence, wo er die Deckengemälde für die Pariser Oper entwarf.

Der Ort ist ein guter Ausgangspunkt für Wanderungen in den Ausläufern der Seealpen. Die Touristeninformation hält viele Routenbeschreibungen bereit, auch auf Deutsch.

Die Chapelle du Rosaire gilt als eines der bedeutendsten Werke von Henri Matisse. Planung und Bau der Kapelle nahmen ihn vier Jahre lang in Anspruch.

Sehenswertes

ALTSTADT

Die Stadtmauer, die die Altstadt umrundet, hatte bis zum Mittelalter nur zwei Tore. Heute betritt man sie meist über die **Place du Frêne**, auf der eine gewaltige Esche steht, die in diesem Klima ungewöhnlich ist. Der Legende nach hat König François I. sie im 16. Jh. in Erinnerung an den Friedensvertrag mit Karl V. gestiftet. Tatsächlich war der König nie in Vence, und wie alt die Esche wirklich ist, ist unbekannt – aber mehrere hundert Jahre bestimmt. Von dort aus hat man einen schönen Blick auf die *baou*, die aus der Landschaft ragenden ausgewaschenen Kalkfelsen, und auf die von Matisse gestaltete Rosenkranzkapelle.

Durch die **Porte Peyra** gelangt man auf den gleichnamigen Platz, auf dem mehrere Brunnen plätschern. In römischer Zeit befand sich hier der große Stein (*peyra*), auf dem Verurteilte enthauptet wurden. Im **Château de Villeneuve**, einem Herrenhaus aus dem 17. Jh., zeigt die Fondation Émile Hugues Wechselausstellungen moderner und zeitgenössischer Kunst.

Das Zentrum bildet die **Place Clemenceau** mit dem Rathaus und der Kathedrale, die aus dem 12. Jh. stammt, aber immer wieder umgebaut wurde. Es soll die kleinste Kathedrale Frankreichs sein. Auf der Tribüne ist ein geschnitztes Chorgestühl aus dem 15. Jh. zu sehen. Die Taufkapelle schmückt ein Mosaik von Marc Chagall, der eine Weile in Vence gelebt hat. Es zeigt, wie Moses im Schilfkorb aus dem Wasser gerettet wird.

7 MERIAN EMPFEHLUNG

CHAPELLE DU ROSAIRE

Eine Kleinanzeige stand am Anfang einer höchst ungewöhnlichen Künstlerfreundschaft: »Junge und hübsche Krankenschwester gesucht«, so hatte **Henri Matisse** in der Lokalzeitung inseriert, als er sich mit Anfang 70 von einer Krebsoperation in Nizza erholte. Die 21 Jahre alte angehende Krankenschwester **Monique Bourgeois** meldete sich, und als es Matisse besser ging, bat er sie, für ihn Modell zu sitzen. Es entwickelt sich eine intensive Freundschaft zwischen beiden, die aber platonisch blieb. Sie habe nie nackt für ihn posiert, und er habe sie »nicht mal an der Schulter angefasst«, erklärte sie später. Die junge Frau hatte keine Scheu, dem Maler zu sagen, wenn ihr dessen Werke nicht gefielen – und dem Künstler gefiel ihre direkte Art.

Als Monique sich entschloss, Ordensschwester zu werden, war Matisse vor den Kopf gestoßen. Er schrieb ihr lange Briefe, konnte sie aber nicht davon abhalten. Es war reiner Zufall, dass sich die beiden sich später in Vence wiedertrafen – Matisse war ins Hinterland gezogen, weil er die Evakuierung von Nizza fürchtete, Monique hieß mittlerweile Schwester Jacques-Marie und lebte dort im Dominikanerkloster.

Die Freundschaft lebte wieder auf und bekam eine neue Dimension: Matisse ließ sich dazu bewegen, eine neue **Kapelle** für das Kloster zu gestalten. »Ich befinde mich in einer Art Gewissenskrise, und ich fühle, dass in meiner Arbeit ein Umbruch bevorsteht«, schrieb er. Schwester Jacques-Marie entwarf für ihn ein erstes Modell der Kapelle, und Matisse widmete sich vier Jahre lang ausschließlich ihrer Ausgestaltung.

Durch die großen Glasfenster fällt gelbes, grünes und blaues Licht in den schlichten Raum, die Farben der Sonne, der Erde und des Wassers. Die Motive sind inspiriert von Matisses Scherenschnitten. An den Wänden hat der Künstler mit schwarzen Strichen eine Madonna mit Kind, den Ordensgründer Dominikus und Szenen der Passionsgeschichte skizziert. Auch den Altar, die Leuchter und die Kleidung der Priester hat Matisse entworfen. Die Kapelle wurde

»Dieses Werk hat mich vier Jahre intensive Arbeit gekostet und ist die Erfüllung meines ganzen Arbeitslebens. Ich betrachte es trotz aller Unperfektheit als mein Meisterwerk.«
Henri Matisse

1951 eingeweiht. Der Künstler war zu krank, um selbst dabei zu sein. Ein Besuch empfiehlt sich an einem sonnigen Vormittag, wenn das Licht besonders schön durch die Glasfenster fällt.

466, av. Henri Matisse | chapellematisse.com | Di, Do, Fr 10–12, 14–17 (März–Okt. 14–18), Mi, Sa 14–17 (März–Okt. 14–18 Uhr) | Eintritt 7 €

Übernachten

Blick aufs Meer
CHAMBRES D'HÔTES LA COLLINE DE VENCE

Der Weg zu dem 200 Jahre alten Anwesen führt steil hinauf, aber der Blick bis zum Meer entschädigt dafür reichlich. Die Zimmer sind hell, groß und freundlich eingerichtet und haben alle eine eigene Terrasse. Im Garten gibt es zudem ein Schwimmbad. Die Besitzerin stammt aus Deutschland und gibt gerne Tipps, um die Umgebung zu erkunden.

808, chemin des Salles (D 2 Richtung Col de Vence) | Tel. 04 93 24 03 66 | www.colline-vence.com | 5 Zimmer | €€

Ehrwürdiges Herrenhaus
AUBERGE DES SEIGNEURS

Das alte Gemäuer aus dem 15. Jh. bietet sechs Zimmer, die nach bekannten Malern benannt sind. Mit den Dachbalken und den alten Holzmöbeln sind sie sehr gemütlich. Einige Zimmer bieten einen Blick auf die Dächer der Altstadt, die anderen über die Landschaft mit den *baou*, den für die Gegend typischen

Kalkfelsen. Das Restaurant bietet mediterrane Küche.

1, rue du Docteur-Binet | Tel. 04 93 58 04 24 | www.auberge-seigneurs. fr | Restaurant So geschl. | €€

Essen und Trinken

Charmant und stilvoll
LE VIEUX COUVENT

In einer Kapelle eines Priesterseminars aus dem 17. Jh. mit Pfeilern und Spitzbögen ist das elegante Restaurant eingerichtet. Eine ganz und gar nicht altmodische Küche wartet auf die Gäste, sehr gute Zutaten, nach Marktlage wechselnd, werden hier raffiniert zubereitet.

37, av. Alphonse-Toreille | Tel. 04 93 58 78 58 | Do–So 12–14, 19.30–22, Mo, Di 19.30–22 Uhr | €€

SAINT-PAUL-DE-VENCE E3

3500 Einwohner

Saint-Paul-de-Vence ist einer dieser Orte, den man am besten antizyklisch besucht, also am besten am frühen Morgen oder im Winter. Dann entfaltet sich der ursprüngliche Charme des mittelalterlichen Ortskerns am besten, und man versteht, warum sich das Nest zu einem der Hauptquartiere der Künstlerszene entwickelte. Mit Augenzwinkern sang Charles Trente in seinem Urlaubs-Chanson »Nationale 7« aus dem Jahr 1955, dass Paris ja nur ein Vorort von Saint-Paul-de-Vence sei.

Die Liste der illustren Bewohner und Gäste ist lang. Am engsten ist der Ort wohl mit **Marc Chagall** verbunden, der 19 Jahre hier lebte und auf dem örtlichen Friedhof begraben ist. Aber auch Henri Matisse, Pablo Picasso und Auguste Renoir waren hier anzutreffen. In den 1950er-Jahren lösten die Filmemacher und Schauspieler die Maler ab: Henri-Georges Clouzot, Yves Montand und Romy Schneider hielten sich in Saint-Paul-de-Vence auf. Einer der wichtigsten Treffpunkte der Kreativen war das Hotel **La Colombe d'Or**, deren Wirt eine gute Sammlernase hatte und sich die Rechnung gerne in Werken bezahlen ließ. Heute ist Saint-Paul-de-Vence auch ein beliebter Rückzugsort für Prominente, die während der Filmfestspiele dem Trubel in Cannes entfliehen wollen.

Saint-Paul-de-Vence, eine mittelalterliche Ortschaft mit holprigen steilen Gassen, ist von sanften Hügeln und grünen Tälern umgeben.

Sehenswertes

MERIAN TOP 10

FONDATION MAEGHT

Schöne Altstädte gibt es auch in anderen Dörfern an der Côte d'Azur, aber die Fondation Maeght ist sicher einen Umweg wert. Das Sammlerpaar Marguerite und Aimé Maeght gründete die Stiftung 1964, um die von ihnen zusammengetragenen Kunstwerke auszustellen. Sie beauftragten den Corbusier-Schüler Josep Lluís Sert mit dem Bau der Museumsgebäude, deren kuriose Dächer an riesige Regenrinnen erinnern. Auf dem Gelände befindet sich auch eine Kapelle, die dem früh verstorbenen Sohn Bernard gewidmet ist.

Auch die umliegenden Gärten dienen als Ausstellungsfläche, etwa für die »Drei schreitenden Männer« (»L'homme qui marche I und II«) des Schweizer Künstlers Alberto Giacometti, für

Die Fondation Maeght besitzt die weltweit größte Sammlung von Werken des Bildhauers Alberto Giacometti, des Schöpfers der charakteristischen dünnen Figuren.

das von Joan Miró entworfene Labyrinth oder das Fischbecken von Georges Braque. Von Marc Chagall, der jahrelang in der Nachbarschaft wohnte, stammen mehrere Wandmosaike.

Die Stiftung organisiert regelmäßig große Ausstellungen moderner und zeitgenössischer Künstler. Sie beherbergt zudem eine der größten Kunstbibliotheken des Landes.

623, chemin des Gardettes | www.fondation-maeght.com | tgl. 10–18, Juli–Sept. 10–19 Uhr | Eintritt 16 €

Übernachten

Gute Lage
HÔTEL LES MESSUGUES

Schöner Garten, von Weinbergen umgeben, und einen Swimmingpool gibt es auch. Die behaglichen, freundlichen Zimmer haben Balkon oder Terrasse. Im Aufenthaltsraum flackert an kühlen Abenden ein Kaminfeuer. Bis zur Fondation Maeght sind es nur etwa zehn Minuten zu Fuß.

Impasse des Messugues | Tel. 04 93 32 53 32 | www.hotelmessugues. com | 15 Zimmer | €€€

Essen und Trinken

Auf Künstlerspuren
LA COLOMBE D'OR

Als Paul Roux und seine Frau Titine die Dorfkneipe, die einst »Chez Robinson« hieß, um drei Gästezimmer erweiterten, ahnten sie nicht, wen sie dort alles verköstigen und beherbergen sollten. Paul machte mit seiner jovialen Art viele Gäste zu Freunden, insbesondere die Künstler, die sich bei ihm wohlfühlten. Der Legende nach haben manche von ihnen ihre Rechnung mit Kunstwerken beglichen. Tatsächlich waren es wohl eher freundschaftliche Deals. Und so wurde aus der Colombe d'Or ein einzigartiges Gasthaus, an deren Wänden Gemälde von Matisse und Picasso hängen. Am Pool dreht sich ein Mobile von Alexander Calder im Wind. Im Sommer 1949 lernte sich hier das Schauspielerpaar Yves Montand und Simone Signoret kennen. Als die beiden zwei Jahre später heirateten, war Paul ihr Trauzeuge. Montand war dafür bekannt, dass er nach einem ausgiebigen Mittagessen in der Colombe d'Or gerne auf dem Dorfplatz Boule spielte. Auch heute kommen regelmäßig Prominente in die Colombe d'Or, aber auch sehr viele Neugierige auf den Spuren der Vergangenheit. Auf der handgeschriebenen Speisekarte sind französische Klassiker zu finden. Die Küche ist nicht sonderlich raffiniert, aber man kommt ja auch in erster Linie wegen des Ortes hierher. Die Preise sind entsprechend hoch, und Bilder werden nicht mehr als Zahlungsmittel akzeptiert.

Place Général-de-Gaulle | Tel. 04 93 32 80 02 | www.la-colombe-dor.com | €€€€

Einfach und gut
LE CAFÉ F

Die Fondation Maeght hat ein nettes, kleines Café, das der bekannte Traiteur von Cannes, Monsieur Ernst, beliefert. Die gusseisernen Tische und Stühle hat Diego Giacometti, der jüngere Bruder des Bildhauers Alberto Giacometti, entworfen. Das Café ist ein wunderbarer Ort zur Einkehr nach dem Museumsbesuch und bietet einen schönen Blick auf den Museumsgarten.

Fondation Maeght, 623, chemin des Gardettes | €€

Die Parfumstadt Grasse im Hinterland der Côte d'Azur zieht die Besucherscharen nicht nur der Parfumfabriken, sondern auch der charmanten Altstadt wegen an.

GRASSE E3

52 000 Einwohner

Bevor Grasse zur selbst ernannten Welthauptstadt des Parfums wurde, muss es dort ziemlich übel gerochen haben. Im Mittelalter hatten sich dort viele **Gerber** angesiedelt, um an dem kleinen Fluss, der durch den Ort fließt, Tierhäute zu verarbeiten. Weil auch den fertigen Produkten wie etwa Lederhandschuhen noch ein unangenehmer Geruch anhaftete, kam während der Renaissance die Mode auf, die Handschuhe mit duftenden Pomaden zu bearbeiten. Aus dem Nebenzweig entwickelte sich bald die wichtigste Tätigkeit, und aus der Stadt der Gerber wurde die Stadt der **Parfumeure**. Das Klima war zudem günstig für das Gedeihen der Blumen, die für die Duftstoffe benötigt wurden. Grasse liegt etwa 300 m hoch über der Küste in den Ausläufern der Seealpen und ist durch die Berge im Hinterland vor Winden geschützt. Das gefiel später auch illustren

Besuchern wie Napoleons Schwester Pauline, nach der einer der Gärten benannt ist, oder der britischen Königin Victoria, die mit ihrer Eselskutsche und ihrer Dienerschar in Kilts oder Turbanen anreiste. Ausgerechnet einem deutschen Schriftsteller hat die Stadt es zu verdanken, dass die Parfumindustrie seit den 1980er-Jahren scharenweise Besucher anzog. Der Bestseller von Patrick Süskind »Das Parfum« (→ S. 152), der teilweise in Grasse spielt, wurde in 48 Sprachen übersetzt, mehr als 20 Mio. Mal verkauft und 2006 von Bernd Eichinger verfilmt.

Bis heute kommen viele Besucher wegen des Museums und der großen **Parfumfabriken** Fragonard, Galimard und Molinard. Auch wenn Chanel noch seine eigenen Blumenfelder mit Jasmin und Mairosen in der Nähe von Grasse pflegt, werden mittlerweile viele Grundstoffe importiert – und zu Aromen für Lebensmittel oder Waschpulver verarbeitet statt zu Parfums.

Sehenswertes

MUSÉE INTERNATIONAL DE LA PARFUMERIE (MIP)

Was lässt sich eigentlich in einem Museum zeigen, das sich etwas Unsichtbarem wie Parfum widmet? Erstaunlich viel, nämlich rund 3500 Objekte, darunter Werkzeuge, die man braucht, um es herzustellen, und viele verschiedene Behälter, in die der Duftstoff im Lauf der Zeit gefüllt wurde. Bemerkenswert sind die griechischen und römischen Flakons, aber auch das Kosmetik-Köfferchen der Kaiserin Marie-Antoinette.

2, bv. du Jeu-du-Ballon | www.museesdegrasse.com | tgl. 10–19, Okt.–April bis 17.30 Uhr | Eintritt 4–6 €

PARFUMHERSTELLER

In allen drei großen Parfumfabriken, die in Grasse ansässig sind, kann man sich die Produktion anschauen und dann mithilfe einer »Nase«, wie die Experten dort genannt werden, sein eigenes Parfum mischen. Man lernt etwas über Kopf-, Herz- und Basisnoten und nimmt die persönliche Duftnote am Ende für den Preis eines Markenparfums mit.

Historische Aufnahme um 1900: Fleißige Arbeiterinnenhände sortierten einst die Rosenblüten und zerpflückten sie. Heute erfolgt diese Prozedur maschinell.

MACHT DER DÜFTE

Parfumhersteller in Grasse

Vierundzwanzig junge Frauen wurden in der Stadt Grasse ermordet, vom Täter fehlte jede Spur. Es waren keine Sexualdelikte, es war aber auch kein anderes Motiv erkennbar. Erst beim 25. Opfer konnte der Täter überführt und vor Gericht gestellt werden. Er sagte aus, er habe die jungen Frauen »gebraucht«, ohne näher zu erklären, was er damit meinte. Bei seiner Hinrichtung kam es zu einem Eklat. Die Menschenmenge verhinderte es, dass er aufs Schafott geführt wurde, der Tumult ging in eine wüste Sexorgie über. Der Grund dafür: Der Serienmörder hatte etwas von dem Parfum versprüht, das er aus den Düften der toten Mädchen kreiert hatte. Es reichte aus, um die Menschenmenge in Ekstase zu versetzen.

Das ist die Geschichte von Grenouille, der Hauptfigur des Erfolgsromans »**Das Parfum**«, der ohne Eigengeruch auf die

Welt gekommen war, aber schnell die ungeheure Macht von Duftstoffen erkannte. Der Roman des deutschen Schriftstellers **Patrick Süskind**, das Mitte der 1980er-Jahre erschien, machte das südfranzösische Städtchen Grasse weltweit bekannt. Die Handlung spielt teilweise dort, und Süskind hatte in Grasse recherchiert, um die Methoden der Parfumgewinnung möglichst authentisch beschreiben zu können.

Die Macht von Düften spielt in Grasse bis heute eine Rolle, auch wenn moderne Parfums ohne den Geruch getöteter Jungfrauen auskommen. Dabei sind die Wohlgerüche aber so wirkkräftig, dass die rund 70 Parfum-Unternehmen in Grasse insgesamt etwa 1,5 Milliarden Euro Umsatz machen. Und gut zwei Drittel der Produkte werden exportiert.

Grenouille, der Akteur in Süskinds Roman, experimentiert mit den zahlreichen Grundstoffen und Techniken, um die Düfte einzufangen und zu konservieren. Daran hat sich bis heute nichts geändert. Zwar ist Grasse für seine **Blumenfelder** bekannt, auf denen etwa Mairosen, Jasmin und Myrte wachsen – aber Parfumhersteller nutzen außer Blüten auch Wurzeln, Rinde, Harze und tierische Sekrete.

Seit dem Ende des 19. Jahrhunderts wurden zudem immer mehr synthetische Duftstoffe entwickelt. Chanel No. 5 war das erste Parfum mit künstlichen Aromen, das weltweit ein Erfolg wurde. Dazu hat nicht zuletzt Marilyn Monroe beigetragen, die 1952 in einem Interview verkaufsfördernd versicherte, sie trage im Bett nichts außer ein paar Tropfen Chanel No. 5.

Dass die Parfumindustrie sich ausgerechnet in Grasse angesiedelt hat, ist einem historischen Zufall zu verdanken. Im Mittelalter waren dort viele **Gerber** ansässig, die mit übel riechenden Gerbstoffen Leder herstellten – im wahrsten Sinne des Wortes ein anrüchiges Gewerbe. Caterina de' Medici, die französische Königin mit italienischen Wurzeln, soll als Erste auf die Idee gekommen sein, ihre ledernen Handschuhe mit duftender **Pomade** bearbeiten zu lassen. Die neue Mode verbreitete sich so schnell, dass die Gerber von Grasse schließlich die Lederproduktion aufgaben und sich ausschließlich um die Gewinnung von Düften kümmerten.

Der Parfumhersteller **Molinard** ist seit 1848 in Familienbesitz, das alte Anwesen ist auffällig rot gestrichen. Die Metallstruktur der Distillerie hat Gustave Eiffel entworfen. Gezeigt werden Rohstoffe aus aller Welt und große kupferne Behälter, in denen Blüten mit Fett verrührt und erhitzt wurden, um danach durch Auswaschung die Aromastoffe zu gewinnen.

Unternehmensgründer **Jean de Galimard** gehörte Mitte des 18. Jh. zur Gilde der Handschuh-Parfümeure, die den Übergang von der Gerberei zur Parfumherstellung markierten. Er belieferte bereits den Hof von Ludwig XV. mit duftenden Pomaden. Die aktuelle Produktionsstätte befindet sich in einem modernen Gebäude etwas außerhalb des Zentrums. Auch hier können sich Besucher durch Duftorgeln schnuppern, bis ihnen die Wohlgerüche so zu Kopf steigen, dass sie sich kaum noch unterscheiden lassen.

Fragonard wurde 1926 gegründet und nach dem aus Grasse stammenden Maler Jean-Honoré Fragonard benannt. Auch hier sind verschiedene Techniken zu sehen, mit denen die Duftstoffe gewonnen werden« können. Und eine »Nase« – ein Duftexperte – erklärt den Teilnehmern der Kurse, worauf sie bei der Komposition von Düften zu achten haben.

Molinard: 60, bd. Victor-Hugo | Tel. 04 92 42 33 21 | www.molinard.com | Di–Sa 10–12.30, 13–18.30, Juli, Aug. 9–18 Uhr | Kurs 25–189 €

Galimard: 73, route de Cannes | Tel. 04 93 09 20 00 | www.galimard.com | tgl. 9–12, 14–18, Juli, Aug. 9–18 Uhr | Kurs 53 €

Fragonard: 20, bd. Fragonard | Tel. 04 93 36 44 65 | www.fragonard.com | tgl. 9–18, Juli, Aug. 9–19 Uhr | Kurs 65 €

Übernachten

Wohnen mit Traumblick
CHAMBRES D'HÔTES LE MAS DES ARTS

Nur wenige Kilometer von Grasse entfernt in den Bergen befindet sich das Haus mit drei hellen, ruhigen Gästezimmern. Beim Frühstück auf der Terrasse lässt sich ein herrlicher Panoramablick genießen. Es gibt zudem ein schönes Schwimmbad.

Peymeinade (7 km westl. von Grasse Richtung Draguignan) | 219, av. de Peygros | Tel. 04 93 09 95 19 | www.bab33.com | 3 Zimmer | €

Wer seinen eigenen Duft kreiieren möchte, kann in Grasse an einem der Kurse teilnehmen, die die Parfumhersteller Molinard, Galimard und Fragonard anbieten.

Essen und Trinken

Provenzalische Küche
LOU PIGNATOUN
Ein typisch provenzalisches kleines Restaurant, etwas versteckt in der Altstadt, das nur zum Mittagessen geöffnet ist. Auf der Karte stehen je drei Gerichte zur Auswahl. Traditionell gibt es freitags immer Aïoli. Sehr nette Bedienung.
13, rue de l'Oratoire | Tel. 04 93 36 11 80 | Mo–Fr 12–14 Uhr | €

MOUGINS E3

19 300 Einwohner

Das malerische Dorf im hügeligen Hinterland von Cannes war im Mittelalter der bedeutendere der beiden Orte. Heute ist Mougins die luxuriöse Gartenstadt von Cannes, mit einem mittelalterlichen Ortskern und vielen eleganten Sommerresidenzen, die sich schneckenförmig den Hügel hinunterwinden. Es ist auch einer dieser Orte, der viele Künstler angezogen hat. **Pablo Picasso** hat hier die letzten zwölf Jahre seines Lebens gewohnt, zusammen mit seiner zweiten Ehefrau Jacqueline. Er hatte die 46 Jahre jüngere Keramikverkäuferin in Vallauris kennengelernt und mehr als 4000 Porträts von ihr geschaffen. Seine Villa ist allerdings nicht für die Öffentlichkeit zugänglich. Ein neuseeländischer Geschäftsmann hat sie 2017 für mehr als 20 Mio. € gekauft und will sie rein privat nutzen.

Später hielten sich auch die Künstler Jean Cocteau, Man Ray und Fernand Léger in Mougins auf. Und in jüngerer Zeit hat ein britischer Sammler dort ein **Museum** eröffnet, um seine Sammlung klassischer Kunst auszustellen.

Heute ist Mougins vor allem als Ort für Freunde der guten **Küche** bekannt. Es gibt etwa 40 Restaurants und jedes Jahr im Juni das internationale Festival der Spitzenköche Les Étoiles de Mougins mit Schaukochen, Wettbewerben und natürlich Verkostungen. Während des Filmfestivals dient Mougins jenen als Rückzugsort, denen der Trubel in Cannes zu viel wird. Zu den bekannten Bewohnern des Ortes zählt auch der ehemalige französische Präsident François Hollande, der hier eine Villa besitzt.

Sehenswertes

MUSÉE D'ART CLASSIQUE DE MOUGINS

Der britische Sammler Christian Levett hat jahrelang antike, moderne und zeitgenössische Kunstwerke zusammengetragen – und dann entschieden, dass Mougins der beste Ort für seine Sammlung sei. 2011 eröffnete dort das Museum der klassischen Kunst, in dem römische Schmuckstücke und griechische Vasen, antike Waffen, aber auch Werke von Picasso, Rodin, Andy Warhol und Damien Hirst zu sehen sind. Eine an diesem Ort verblüffende, aber höchst sehenswerte Sammlung.
32, rue du Commandeur | www.mouginsmusee.com | tgl. 10–18, Juli–Sept. bis 20 Uhr | Eintritt 12 €

MUSÉE DE LA PHOTOGRAPHIE ANDRÉ VILLERS

Wer Picasso an dessen letztem Wohnort nahekommen will, sollte das Museum des mit dem Künstler befreundeten Fotografen André Villers besuchen. Es sind Fotos aus dem Alltag, die Picasso mal in unvorteilhaften Shorts, mal mit Zigarette in der Hand oder in Schmollpose mit verschränkten Armen zeigen. Die Bilder seiner Werkstatt geben einen guten Einblick in das kreative Chaos, das dort herrschte. Auch andere berühmte Porträts sind dort zu sehen, etwa von Robert Doisneau, der den am Tisch sitzenden Picasso mit Croissants anstelle seiner Finger fotografierte. Das Museum zeigt außerdem eine Sammlung historischer Fotoapparate sowie wechselnde Ausstellungen zeitgenössischer Fotografen.

67, rue de l'Église | tgl. 10–12.30, 14–18, Juni–Sept. bis 19 Uhr | Eintritt frei

NOTRE-DAME-DE-VIE

In lieblicher Landschaft etwas außerhalb des Ortes befindet sich die Kapelle Notre-Dame-de-Vie, die ursprünglich zur Zisterzienserabtei auf der Insel Saint-Honorat gehörte. Das erklärt auch, warum dort eine Reliquie des Ordensgründers aufbewahrt wird. Im Mittelalter wurden hier totgeborene Kinder getauft, damit man sie christlich begraben konnte.

Das benachbarte Grundstück gehörte der irischen Guinness-Familie, bis Picasso es 1961 kaufte und dort bis zu seinem Lebensende wohnte. Die Villa ist etwa 1700 m² groß. Picassos Witwe Jacqueline lebte dort nach dem Tod des Künstlers weiter, bis sie sich 1986 das Leben nahm.

2,5 km südöstl. von Mougins über die Av. Notre-Dame-de-Vie | Okt.–April nur So 10–16, Mai, Juni, Sept. Sa, So 10–12.30, 14–19 Uhr, Juli, Aug. tgl.

Essen und Trinken

8 MERIAN EMPFEHLUNG

Provenzalische Gerichte
L'AMANDIER

In einer Ölmühle aus dem 14. Jh. mit verschiedenen Räumen bleiben die gefragtesten Plätze doch die auf der schattigen Terrasse, die eine herrliche Aussicht auf die Umgebung bietet. Serviert wird hier klassische provenzalische Küche. Mittags gibt es jeden Tag eine andere Spezialität aus Nizza. Das Restaurant bietet auch Kochkurse für je acht bis zehn Teilnehmer mit anschließender Verköstigung des zubereiteten Ergebnisses (90 €).

Av. Jean-Charles Mallet | Tel. 04 93 90 00 91 | www.amandier.fr | €€

SAINT-TROPEZ UND UMGEBUNG

Monaco und
Umgebung

Nizza

Cannes und
Umgebung

Saint-Tropez
und Umgebung

Sandige Strände, zwei bergige Wanderparadiese und die teuersten Ankerplätze für Jachten im Hafen von Saint-Tropez – das macht die Côte d'Azur im Var aus. Ein französisches Kuriosum: Es ist das einzige Département, das nach einem Fluss benannt ist, der dort gar nicht fließt.

Dafür gibt es natürlich historische Gründe: Als 1859 die bis dahin zu Italien gehörende **Grafschaft Nizza** (→ S. 78) wieder an Frankreich fiel, hat man das Gebiet um Grasse samt dem Fluss vom Département Var abgetrennt, um das Département Alpes-Maritimes zu gründen.

Es ist eine farbenfrohe Region: Das leuchtende Gelb der Mimosen, das Grün der Korkeichen im **Massif des Maures** und die roten Felsen des **Massif de l'Esterel** bilden einen schönen Kontrast zum Meer, das an sonnigen Tagen blau-türkisfarben strahlt. Die Ausläufer der Seealpen sind an der westlichen Côte d'Azur nur noch aus der Ferne zu sehen. Dafür laden die beiden Berglandschaften Les Maures und L'Esterel zu herrlichen Wanderungen ein, bei denen jeder steile Aufstieg mit grandiosen Blicken auf die Küste belohnt wird.

Das **Hinterland** der Küste ist im Unterschied zur östlichen Côte d'Azur noch relativ stark landwirtschaftlich geprägt. Dabei produziert das Département Var nicht nur 80 Prozent der französischen Feigen und ein Viertel der Oliven, sondern auch die meisten Schnittblumen des Landes.

Der bekannteste Ort der Region ist **Saint-Tropez**, und die Geschichte seines Ruhmes begann schon lange vor den Auftritten der damals höchst verführerischen Brigitte Bardot. Wie auch in den anderen Küstenorten weiter östlich waren es

Ende des 19. Jh. von Künstlern und Schriftstellern entdeckt, entwickelte sich Saint-Tropez vom kleinen Fischerdorf zum Treffpunkt der High Society.

zunächst die Maler, die sich von Licht und Farben inspirieren ließen und mit ihren Pinseln und Leinwänden Werbung für die Region machten. Später kamen die Kinostars und die Jet-Set-Gesellschaft, die mit ihren luxuriösen Jachten den alten Fischerhafen zur Partyszene machten.

Während des Zweiten Weltkriegs war die östliche Côte d'Azur außerdem Schauplatz einer bedeutenden Militäraktion, nämlich der Landung der **Alliierten** in der Provence. Etwa 400 000 Soldaten waren an der »Operation Dragoon« im August 1944 beteiligt. Die Alliierten gingen bei Saint-Raphaël an Land, nahmen 3000 Wehrmachtsoldaten in Gefangenschaft und zogen dann durch das Rhonetal Richtung Paris.

Später waren die Deutschen zum Glück wieder willkommen. Einige Berühmtheit erlangte Gunter Sachs, Brigitte Bardots Ehemann Nummer drei, der aus einem Hubschrauber rote Rosen für sie regnen ließ. Und der frühere Ex-Topmanager Thomas Middelhoff hatte seine 33-Meter-Jacht »Medici« im Hafen liegen und besaß eine Villa in Saint-Tropez, die nach seinem Sturz für 23 Mio. Euro verkauft wurde.

SAINT-TROPEZ D5

Stadtplan → S. 161

4600 Einwohner

Der Maler **Paul Signac** kam 1892 eher zufällig mit dem Segelboot nach Saint-Tropez und verliebte sich in den Ort. Er hatte zu dieser Zeit bereits seinen Stil gefunden, nämlich die Farben so auf die Leinwand zu tupfen, dass sie sich im Auge des Betrachters zu neuen Farbtönen mischen. Und in Saint-Tropez fand er viele Motive, die er in seiner »Pünktchen-Technik« abbilden wollte, vor allem den Hafen und die verästelten Schirmkiefern der Umgebung. »Hier mache ich nicht nur halt, hier bleibe ich«, entschied er und kaufte sich bald darauf ein Haus, in dem er viele Künstlerfreunde empfing.

In den 1950er-Jahren entdeckte die Kinowelt das Fischerdorf, in dem sich Sonne, Strand und dank der neuen Berufsgruppe der Paparazzi die Aufmerksamkeit der ganzen Welt genießen ließ. Niemand verkörperte die neue Freiheit und das ungezügelte Lebensgefühl besser als die junge **Brigitte Bardot**. Gegen den Willen ihrer streng katholischen Eltern heiratete sie mit 18 den Filmemacher Roger Vadim, der mit seinem Film »Und ewig lockt das Weib« den Mythos von Saint-Tropez begründete. Während sich Bardot irgendwann von dem Rummel verabschiedete und sich als misanthrope Tierschützerin in ihr Haus bei Saint-Tropez zurückzog, lockt der einstige Fischerort immer noch Stars, die gesehen werden wollen, Neureiche, die ihr Geld ausgeben wollen, und scharenweise Neugierige an.

Saint-Trop sagen sie in Frankreich. »Trop« wie »zu viele Leute« und »zu teuer«, aber das gehört eben dazu, vor allem im Sommer, wenn die einzige Zufahrtsstraße kilometerweit blockiert ist und ein Glas Mineralwasser im rotbestuhlten **Café Sénéquier** zehn Euro kostet. Dann doch lieber gleich eine Magnumflasche Champagner, die für 1100 € zu haben ist und sich auch gut für eine erfrischende Dusche eignet. Erfahrene Jet-Setter kommen mit dem Hubschrauber oder mit dem Boot, aber natürlich ist auch der Hafen mit Jachten verstopft, viele davon sind gemietet und dienen vor allem als Bühne. Empfehlenswert für Besucher mit einem für Saint-Tropez eher unter-

Saint-Tropez

SEHENSWERTES
- **1** Port de Saint-Tropez ★
- **2** Musée de l'Annonciade
- **3** Musée de la Gendarmerie
- **4** La Maison des Papillons
- **5** Place des Lices
- **6** Musée d'Histoire Maritime Tropézienne

ESSEN UND TRINKEN
- **1** Le Bistro Canaille
- **2** La Tarte Tropézienne

EINKAUFEN
- **3** Rondini

ABENDGESTALTUNG
- **4** VIP Room
- **5** Les Caves du Roy

durchschnittlichen Budget: Die Fähre Les Bateaux-Verts von Sainte-Maxime braucht 15 Minuten, steht nie im Stau und bietet einen großartigen Blick auf das Hafenspektakel vom Wasser aus.

MERIAN EMPFEHLUNG

Und wer einen Sinn für Untypisches hat, sollte Saint-Tropez an einem Regentag im **Winter** besuchen. Da ist vielleicht das Café Sénéquier wegen Ausbesserungsarbeiten geschlossen, und es lässt sich auch kein Star blicken. Dafür kommt man ohne Stau ins Zentrum, parkt für 1,50 € den ganzen Tag und erlebt ein ruhiges Küstenstädtchen mit interessanten kleinen Museen. Und die *Tarte Tropézienne* schmeckt ohnehin zu jeder Jahreszeit.

Brigitte Bardot, in einer Muschel kauernd: Zum 83. Geburtstag der Leinwanddiva ehrte Saint-Tropez seine berühmteste Einwohnerin mit einer Bronzestatue.

BRIGITTE BARDOT

Venus von Saint-Tropez

In Saint-Tropez ist sie in einer Muschel geboren, wie die Liebesgöttin Venus. Auf dem Platz vor dem Museum der Gendarmerie steht seit 2017 eine **Bronzestatue** von Brigitte Bardot, unbekleidet in einer Muschelschale hockend, den Kopf sinnend und sinnlich auf die Knie gelegt. Es ist eine Hommage des Ortes an seine berühmteste Einwohnerin, die sie am liebsten immer noch so sehen, wie sie mit Anfang 20 war. Damals tanzte sie vor der Kamera ihres ersten Ehemannes, des Filmemachers Roger Vadim, barfuß auf dem Tisch, verwuschelte sich die Haare und strich sich so lustvoll über die Hüften, dass sie zum erotischen Wunschbild einer ganzen Generation wurde. Der Film »Und ewig lockt das Weib« begründete den Ruhm von Brigitte Bardot und von Saint-Tropez. Das Nachsehen hatte allein der Regisseur, der zusehen musste, wie seine Frau eine Affäre mit ihrem Filmpartner Jean-Louis Trintignant begann und sich deswegen von ihm scheiden ließ.

Der Schmollmund und die hochtoupierte Frisur waren ihr Markenzeichen. Sie spielte in mehr als 40 Filmen mit, rekelte sich wie gewünscht vor den Fotografen, hatte eine Affäre nach der anderen, war auch einmal mit dem Industriellenerben Gunter Sachs verheiratet – und fand am Ende schließlich alles hohl und scheußlich. »Ich weiß, was es heißt, gejagt zu werden«, schrieb sie in ihren Memoiren. »Ich kenne das Gefühl des gehetzten Wildes; das des Elefanten, der zum Vergnügen der Kinder auf einem Ball balanciert.« Ihr Leben als Star sei anstrengend gewesen. Sie habe zu Beginn der Dreharbeiten regelmäßig Herpes bekommen.

Bei den Dreharbeiten für einen Film, der im Mittelalter spielte, kam für sie der Wendepunkt. Unter den Statisten war eine alte Frau mit einer Ziege, die ihr erzählte, dass sie das Tier für die Kommunionfeier ihres Enkels grillen wollte. »Ich war geschockt. Ich habe ihr die Ziege abgekauft und sie mit in mein Vier-Sterne-Hotel genommen«, erzählte Bardot später. Dies sei der Moment gewesen, in dem sie sich vom Kino verabschiedet habe. Mit 38 zog sie sich in ihre **Villa Madrague** in Saint-Tropez zurück, um sich fortan dem Tierschutz zu widmen. Sie posierte in Kanada mit Robbenbabies, gründete eine Stiftung, kaufte die Tiere eines heruntergekommenen Zoos und wetterte gegen Jäger und den Verzehr von Pferdefleisch. »Die Tiere haben mich gerettet«, erklärte sie. »Sie haben mich nie enttäuscht.«

Ihre Zuneigung zu den Tieren ging mit wachsendem Misstrauen gegenüber Menschen einher. In den vergangenen Jahren wurde Bardot mehrfach wegen rassistischer Äußerungen verurteilt. Sie ist seit 1992 mit einem früheren Berater des rechtsextremen Politikers Jean-Marie Le Pen verheiratet und hat 2012 zur Wahl von dessen Tochter Marine Le Pen aufgerufen.

In Frankreich ist sie trotz allem eine Symbolfigur geblieben, die ihren Anteil an der sexuellen Befreiung der Frauen gehabt hat. Nach ihrem Tod soll die Villa Madrague in ein Museum verwandelt werden, das hat sie schon mal festgelegt.

Sehenswertes

MERIAN TOP 10

❶ PORT DE SAINT-TROPEZ (JACHTHAFEN)

Die pastellfarbenen Fassaden der schmalen Häuser und der rot-gelbe Turm wirken wie die Postkartenansicht eines der zahlreichen Fischerörtchen an der Côte d'Azur. Wenn da nicht die vielen Jachten wären, auf denen eher nach anderen Dingen geangelt wird als nach kleinen Fischen. Gut 700 Liegeplätze hat der Hafen von Saint-Tropez, die begehrtesten sind im alten Hafen und kosten für eine 50-Meter-Jacht in der Hauptsaison etwa 2200 € am Tag. Das staunende Publikum gibt es gratis dazu.

Der Spaziergang am Hafenkai ist schnell gemacht, wer den glänzenden Palästen auf dem Wasser länger zuschauen will, kann in ein Getränk in einem der Cafés investieren. Der Preis entspricht etwa dem einer Kinokarte, verspricht aber auch ähnlich gute Unterhaltung. Logenplätze bietet der Balkon des Hotels Subie. Die rote Markise des Cafés Sénéquier war schon in den Louis-de-Funès-Filmen um den Gendarmen von Saint-Tropez zu sehen. Der frühere Präsident Jacques Chirac und Modeschöpfer Karl Lagerfeld zählten hier zu den Stammgästen.

❷ MUSÉE DE L'ANNONCIADE

Vermutlich kommen die wenigsten eigens wegen der Museen nach Saint-Tropez, aber wenn man schon mal da ist, sind sie durchaus einen Besuch wert. Eine Kapelle aus dem 16. Jh. beherbergt die Sammlung des Mäzens **Georges Grammont**, der sie 1955 der Stadt Saint-Tropez schenkte. Den Schwerpunkt bilden Künstler, die sich von der Côte d'Azur inspirieren ließen, etwa Paul Signac mit seinem pixeligen Gewitter über dem Hafen von Saint-Tropez oder Henri Matisse mit seiner Frau am Fenster. Daneben gibt es Werke von Georges Seurat und Georges Braque und regelmäßig Wechselausstellungen.

2, place Georges Grammont | www.saint-tropez.fr/culture/musee-de-lannonciade | Di–So 10–17, Apri, Mai, Juni, Okt. 10–18, Juli–Sept. tgl. 10–19, Mo 10–21 Uhr | Eintritt 6 €

Saint-Tropez besitzt immer noch das Flair des malerischen Fischerorts von einst –
wären da nicht die pompösen Jachten, teuren Sportwagen, Stars und Sternchen.

③ MUSÉE DE LA GENDARMERIE

Louis de Funès, der hyperventilierende kleine Franzose mit der großen Gestik, ist in Deutschland fast ebenso bekannt und beliebt wie in Frankreich. Zu seinen erfolgreichsten Filmen zählen die sechs Klamauk-Episoden um den Gendarm von Saint-Tropez, die eben hier gedreht wurden. Die Idee zu dem Film kam dem Regisseur **Richard Balducci**, als er selbst den Diebstahl einer Kamera melden wollte und zu hören bekam »Ach, das ist doch nicht so schlimm!«

Das Museum, untergebracht in einer ehemaligen Polizeistation, lädt auf eine Zeitreise in die 1960er- und 1970er-Jahre und zeigt viel der früheren Stars, die Saint-Tropez zu seinem Ruhm verholfen haben. Die bekannteste Einwohnerin Brigitte Bardot erhebt sich vor dem Eingang in Form einer jugendlichen Bronzestatue aus einer Venusmuschel.

2, place Blanqui | www.saint-tropez.fr/culture/mgc | tgl. 10–17, April, Juni, Sept., Okt. 10–18, Juli, Aug. 10–19 Uhr | Eintritt 4 €

Ein Boulodrome in jedem Dorf

Wenn in Frankreich eine **Pétanque-Mannschaft** verliert, ohne einen Punkt gemacht zu haben, dann muss sie »Fanny küssen«. Dafür gibt es traditionell ein Bild einer Dame mit entblößtem Hinterteil, vor dem die Verlierer für einen Kuss niederknien müssen. Es ist eines dieser Macho-Rituale, die sich in Frankreich lange gehalten haben, doch heute geben Verlierer doch eher eine Runde Pastis oder Rosé aus.

Seit 2005 ist Pétanque, wie das Boule-Spiel in Südfrankreich heißt, in seiner Heimat ein Leistungssport – dazu gab es eigens einen Ministererlass. Der französische Pétanque-Verband hat heute immerhin 300 000 Mitglieder, davon sind 16 Prozent weiblich, ungeachtet der derben Verlierertradition.

Frankreich hat sich jahrelang bemüht, Pétanque als olympische Disziplin anerkennen zu lassen, vor allem mit Blick auf die Olympischen Spiele 2024 in Paris. Doch gegen Breakdance und Skateboard konnte sich die visuell weniger aufregende Sportart am Ende nicht durchsetzen.

Die **Regeln** sind höchst einfach: Man spielt je zu zweit (*doublette*) oder zu dritt (*triplette*) gegeneinander. Als Erstes wird das »Schweinchen« platziert, eine kleine Holzkugel, die das Ziel bildet. Dann werfen die Mannschaften abwechselnd ihre Metallkugeln möglichst nahe an das Schweinchen heran.

So einfach das Spiel, so komplex die **Taktik**: Legst du oder schießt du?, lautet die zentrale Frage, die sich jeder Spieler stellen muss. Das heißt: Man wirft seine Kugeln entweder behutsam schön nah ans Ziel, oder man lässt sie mit Wucht auf eine bereits nah am Ziel liegende Kugel des Gegners knallen, sodass diese möglichst weit wegrollt.

Und natürlich geht es auch um **Stil** und **Haltung**. Die einen umrunden erst einmal prüfend das Spielfeld, um Unebenheiten zu erspähen. Manche gehen tief in die Hocke, andere beugen nur den Oberkörper vor. Die meisten halten die Kugel mit dem Handrücken nach vorn, aber vorgeschrieben ist das nicht. Kör-

Kugel ist nicht gleich Kugel: Beim Boule-Spiel richtet sich der Kugeldurchmesser nach der Größe der Hand, das Gewicht nach der bevorzugten Taktik beim Spiel.

perbeherrschung ist wichtig, denn sonst taumelt man schnell aus dem Kreis heraus, den man zuvor mit der Fußspitze auf den Boden gemalt hat – woher das Spiel auch seinen Namen hat.

Pétanque kommt aus dem Provenzalischen und heißt so viel wie »mit gebundenen Füßen«. Bei einer früheren Variante nahm man noch ähnlich wie beim Kegeln Anlauf, bevor man die Kugel warf. Der **Legende** nach hat ein rheumakranker Spieler Anfang des 20. Jahrhunderts durchgesetzt, die Kugeln aus dem Stand zu werfen. Vielleicht war er es auch, der die Schnur mit dem Magneten erfunden hat, mit dem sich die Kugeln elegant und ohne unnötige Anstrengung vom Boden zurück in die Hand des Spielers befördern lassen.

In Südfrankreich hat fast jedes Dorf sein **Boulodrome**, wo sich die Liebhaber der Metallkugeln treffen; gerne am frühen Abend, um nebenbei den Apéro zu genießen. Und so eine Spielstätte ist manchmal auch ein Statussymbol: Im 600-Einwohner-Örtchen Curbans im Département Alpes-de-Haute-Provence hat der Bürgermeister für eine Million Euro das größte Boulodrome des Landes anlegen lassen. Pétanque wird in Frankreich eben sehr ernst genommen.

Boule ist in Südfrankreich beliebter Volkssport. Man trifft sich am Dorfplatz, hier an der Place des Lices in Saint-Tropez, platziert das »Schweinchen« – und los geht es!

❹ LA MAISON DES PAPILLONS

Hier flattert nichts mehr, aber der Maler Dany Lartigue hat sein Schmetterlingshaus mit 35 000 Exponaten, davon mehr als die Hälfte selbst gefangen, dennoch zu einem poetischen Ort gemacht. Sämtliche Schmetterlinge Frankreichs, dazu exotische Exemplare wie Vogelfalter aus Neu-Guinea und Morphos aus Südamerika sind in Vitrinen zu sehen. Zu den ganz seltenen Arten gehört etwa der schwarze Apollo aus dem Mercantour.

17, rue Etienne-Berny | www.saint-tropez.fr/culture/maison-des-papillons | Mai–Juni, Sept., Okt. Di, Mi, Do, Sa 14–17, Juli, Aug. tgl. 14–17, Di 10–17 Uhr | Eintritt 2 €

❺ PLACE DES LICES

Am Dorfplatz, unter dessen Platanen die Einheimischen Boule spielen und dienstags und donnerstags Markt stattfindet, gibt es mehrere Cafés, in denen sich das Spektakel gut beobachten lässt. Hier befindet sich auch der Geburtsort der *Tarte Tropézienne* (→ S. 49), eine mit Vanillecreme gefüllte und mit Hagelzucker bestreute Torte nach dem Rezept einer polnischen Großmutter. Mittlerweile hat die Marke ihre Filialen auch an Flughäfen und in Paris, wo die süße Köstlichkeit aber natürlich nur halb so gut schmeckt.

❻ MUSÉE D'HISTOIRE MARITIME TROPÉZIENNE

In der Zitadelle aus dem 16. Jh. kann man viel über die Geschichte der Hafenstadt erfahren, die Schiffe, die von hier aus bis zum Kap Horn segelten, und die Werften, in denen sie repariert wurden. Ein Besuch lohnt sich schon allein wegen des Blicks von der Terrasse auf den Hafen und die Küste.

1, montée de la Citadelle | www.saint-tropez.fr/culture/citadelle | April–Sept. 10–18.30, Okt.–März 10–17.30 Uhr | Eintritt 3 €

Übernachten

Zentrale Lage
LOU CAGNARD

S. 161, südl. b2

Familiäres Hotel mit 100-jährigem Feigenbaum im Garten. Die Zimmer sind nicht sehr groß, aber ruhig und hell. Das Hotel wurde erst kürzlich renoviert. Die Zimmer verfügen über eine Klimaanlage und sind freundlich eingerichtet.

18, av. Paul-Roussel | Tel. 04 94 97 04 24 | www.hotel-lou-cagnard. com | 19 Zimmer | €€

Charmantes Landhaus
HÔTEL MAS BELLE-VUE

S. 161, südöstl. c2

Die gepflegten Zimmer sind auf verschiedene Gebäude im Grünen verteilt, einige haben eigene Terrassen oder auch Jacuzzi, es gibt zwei Schwimmbäder, ein gutes Frühstück und einen privaten Parkplatz.

Chemin de la Belle-Isnarde (2 km außerhalb auf der Route zur Plage Tahiti) | Tel. 04 94 97 07 21 | www.masbellevue.com | 41 Zimmer | €€€

Essen und Trinken

① *Restaurant mit Tapas-Bar*
LE BISTRO CANAILLE

Frische Küche mit Anleihen aus diversen Ländern, dazu werden gute Weine gereicht. Freundliches Personal.

28, rue des Remparts | Tel. 04 94 97 40 96 | Mai–Okt. tgl. 19–1.30 Uhr, Nebensaison wechselnde Öffnungszeiten | €€€

Mitten im Grünen
LA POMME DE PIN

S. 161, südöstl. c2

Ein Restaurant, das an ein Gewächshaus erinnert, mit gläsernen Wänden und hölzernem Dach, umgeben von einem hübschen Kieferwäldchen. Serviert wird italienische Küche, der Küchenchef stammt aus Sardinien und weiß, was er tut.

Route de Tahiti | Tel. 04 94 97 73 70 | April–Okt. tgl. | €€

② *Einfach, gut und günstig*
LA TARTE TROPÉ-ZIENNE

Die von Brigitte Bardot benannte Cremetorte dominiert in allen Größen das Schaufenster des Cafés. Im Inneren gibt es aber auch belegte Baguette und Salate zum Mitnehmen oder zum Verzehr an einem der Tische in der ersten Etage. Einfach, aber gut.

Place des Lices

Einkaufen

Saint-Tropez ist klein, doch viele Luxusmarken sind hier vertreten, meist befinden sich ihre Läden im Erdgeschoss der alten Häuser, deren ockerfarbene Fassaden und hölzerne Fensterläden einen auffälligen Kontrast zu den meist extravagant dekorierten Schaufenstern bilden.

③ *Traditionsschuhladen*
RONDINI

Hier werden sie verkauft, die berühmten *Sandales tropéziennes* (→ S. 45) nahezu unverändert seit dem Jahr 1927: zwei, drei dünne Streifen Leder, in Handarbeit an eine Sohle genäht und zu einem fürstlichen Preis verkauft.

18, rue Georges-Clemenceau

Abendgestaltung

④ *Treffpunkt der Stars und Sternchen*
VIP ROOM

Wer sein Foto auf der Fassade des Clubs entdeckt, der hat's geschafft. Der Inhaber Jean Roch ist schon seit 20 Jahren der beste Freund der Stars, die sich auf seiner Tanzfläche bis zum Sonnenaufgang vergnügen. Karl Lagerfeld soll mal vom »besten Club der Welt« gesprochen haben. Auch Elton John und Cara Delevingne kommen hin und wieder vorbei.

Residence du nouveau port

Kein Besuch in Saint-Tropez, ohne Tarte Tropézienne zu probieren. Die süße Verführung erinnert geschmacklich ein wenig an heimischen Bienenstich.

⑤ *Exklusive Adresse für Nachtschwärmer*
LES CAVES DU ROY

Eine Adresse für die zweite Nachthälfte. Der Champagner wird gerne auch in größeren Flaschen serviert.

Av. Paul Signac (Hôtel Byblos), April–Okt. Fr und Sa, Juni–Aug. tgl. jeweils ab Mitternacht

Strände

Rund um Saint-Tropez gibt es einige nette Strände, aber die bekanntesten gehören zur Gemeinde Ramatuelle, etwa die Plage de Pampelonne mit dem Club 55 (→ S. 173).

Für Sonnenanbeter
LA PLAGE DES GRANIERS S. 161, östl. c1

Der vom Zentrum aus nächstgelegene, gut zu Fuß erreichbar, oft überlaufen.

In berühmter Gesellschaft
LA BAIE DES CANEBIÈRES S. 161, östl. c1

Etwas weiter entfernt, dort liegt auch die Villa Madrague, wo Brigitte Bardot wohnt.

Kleine Bucht
LA PLAGE DES SALINS S. 161, südöstl. c1

Vier Kilometer östlich, klein, fein und überwacht.

Über die Besucherscharen, die im Sommer die schmalen Gassen des mittelalterlichen Ramatuelle durchstreifen, wacht die Kirche Notre-Dame de l'Assomption.

RAMATUELLE D5

2200 Einwohner

Ein hübsches mittelalterliches Dorf mit engen Gassen, auf einer felsigen Anhöhe gelegen, umgeben von Weinbergen – das zieht im Sommer viele Besucher an, die durch die Galerien schlendern und die Restaurants bevölkern. Im Sommer finden ein Theater- und ein Jazz-Festival statt. Zu Ramatuelle gehört der berühmte Strand Pampelonne.

Übernachten

Abseits des Trubels
CHAMBRES D'HÔTES LEÏ SOUCO

Es ist schon ein Glück, nur 7 km von Saint-Tropez entfernt eine so angenehme Unterkunft mit schönen, großen Zimmern in einem ehemaligen Bauernhaus zu finden. Man kann Tennis spielen oder auch ein Elektrofahrrad ausleihen, um die Umgebung zu erkunden. Die Terrassen sind von Glyzinien umrankt, auf dem 10 ha großen Gelände wächst Wein.

Quartier Le Plan, Route des Plages | Tel. 04 94 79 80 22 | www.leisouco.com | April–Mitte Okt. | 5 Zimmer | €€

Strände

MERIAN TOP 10

DER Laufsteg für Sonnenanbeter
LA PLAGE DE PAMPELONNE

5 km Sand, legendäre Clubs und am Horizont eine lange Reihe von Jachten – das ist der berühmte Strand Pampelonne, wo Roger Vadim mit seiner Noch-Ehefrau Brigitte Bardot den Film »Und ewig lockt das Weib« drehte. Die Filmcrew bat die Besitzer einer kleinen Strandbar, sie während der Dreharbeiten mit Essen zu versorgen – obwohl dort weder Strom noch Wasser vorhanden war. Das war die Geburtsstunde des Clubs 55, benannt nach jenem Jahr, in dem alles anfing. Heute kostet dort ein gegrillter Seebarsch um die 60 €, dafür begrüßt Patrice de Colmont, Sohn der damaligen Inhaber, die Stammgäste mit Küsschen. »Hier ist der Kunde nicht König, sondern ein Freund«, betont er gerne.

Inzwischen versucht die Gemeinde, den Wildwuchs der Strandlokale einzudämmen. Konzessionen wurden neu geregelt, und es gibt neue Umweltauflagen, etwa einen größeren Abstand zum Wasser. Einige Cafés müssen jeden Winter ihre Strukturen abbauen. Es geht darum, einen der schönsten Strände Frankreichs zu schützen – aber eben auch um große Geschäfte, denn in der Hauptsaison kommen täglich etwa 30 000 Gäste. Von den kostenpflichtigen Parkplätzen entlang der »Route des plages« führen kleine Wege zum Strand. Eine Alternative ist der Bus Nr. 7703–7705 vom Gare routière in Saint-Tropez (3 €).

Fast wie an der Südsee
LA PLAGE DE L'ESCALET

Weiter südlich, zwischen Cap Camarat und Cap Taillat, lässt der Trubel nach. Sandige Abschnitte wechseln mit felsigen kleinen Buchten ab, in denen das Wasser wunderbar klar und tief ist.

Abgelegene Badeidylle
LA PLAGE DE TAILLAT

An diesen Strand gelangt man nur zu Fuß, von der Plage de l'Escalet sind es etwa 30 Minuten die Küste entlang. Dort ist man dem Rum-

Die kleine Ortschaft Bormes-les-Mimosas, deren malerische Altstadt den Hügel hinaufklettert, ist geprägt von den namensgebenden Blumen.

mel von Saint-Tropez gänzlich entflohen und kann das türkisblaue klare Wasser in Ruhe genießen. Ein Picknick sollte man allerdings dabei haben. Die Halbinsel Cap de Taillat erholt sich allmählich von einem verheerenden Waldbrand, bei dem 2017 gut 500 ha in Flammen aufgegangen sind. Der Auslöser war einmal mehr ein achtlos weggeworfener Zigarettenstummel gewesen.

GASSIN D5

2800 Einwohner

Gassin zählt offiziell zu den »schönsten Dörfern Frankreichs« (»Les Plus Beaux Villages de France«), was entsprechend viele Besucher anzieht. Der Ort liegt auf einem etwa 200 m hohen Hügel und bietet einen wunderbaren Blick auf den Golf von Saint-Tropez. Rundherum wird Wein angebaut. Gassin rühmt sich, eine der schmalsten Gassen der Welt zu haben.

In der Kirche Notre-Dame-de-l'Annonciation aus dem 16. Jh. befindet sich ein Reliquienschrein des Heiligen Laurentius. Modeschöpferin Inès de la Fressange und Schauspielerin Emmanuelle Béart stammen aus Gassin. Wenn es unten an der Küste zu heiß ist, weht hier oben meist ein frisches Lüftchen, ideal für ein Glas Wein unter freiem Himmel.

Übernachten

*Charmantes Urlaubs-
quartier mit Traumblick*
BELLO VISTO

Das alte Haus hält, was der Name verspricht: eine herrliche Aussicht auf die Küste von Saint-Tropez. Die Zimmer sind stilvoll eingerichtet. Das Restaurant bietet Mittelmeerküche der Saison mit raffinierten Varianten.

Place deï Barri | Tel. 04 94 56 17 30 | www.bellovisto.eu | April–Okt. | 7 Zimmer | Restaurant Fr–Mi 12–14.30, 19–21.30 Uhr | €€

Essen und Trinken

*Authentisch essen auf
schöner Terrasse*
AU VIEUX GASSIN

Auch innen kann man sehr gut sitzen, aber sobald die Sonne scheint, möchte man von der Terrasse aus Platz und Blick genießen. Serviert wird eine traditionelle provenzalische Küche. Donnerstags gibt es gefülltes Gemüse, freitags Aïoli.

Place deï Barri | Tel. 04 94 56 14 26 | www.auvieuxgassin-restaurant. com | April–Okt. | €€

MERIAN EMPFEHLUNG

BORMES-LES-MIMOSAS C5

7300 Einwohner

In Bormes-les-Mimosas ist der Name Programm. Die flauschigen gelben Blüten der Mimosen schmücken das Dorf bereits ab Februar, dann gibt es auch den jährlichen Blumenkorso, bei dem am letzten Februarwochenende ein gutes Dutzend blumengeschmückter Umzugswagen durch den Ort zieht. Später im Jahr blühen Rosen, Oleander und Bougainvillea.

Es ist ein charmantes Dorf, das auf angenehme Art altmodisch wirkt. Ein Abstecher lohnt vor allem außerhalb der sommerlichen Hochsaison, wenn keine Besucherströme durch die schmalen und manchmal steilen Gassen ziehen, von denen eine treffend »rompi-cuou« (halsbrecherisch) heißt.

Zum Dorf, das im hügeligen Hinterland liegt, gehören mehrere Strände sowie die Halbinsel Cap Brégançon (→ S. 202) mit ihrer alten, auf einem Felsenriff thronenden Festung, die den französischen Staatschefs als Sommersitz dient.

Sehenswertes

PLAGE DE L'ESTAGNOL

Eine kleine Bucht mit feinem Sandstrand und Schatten spendenden Kiefern – ein Geheimtipp ist der Strand von Estagnol nicht mehr, aber in der Nebensaison durchaus einen Besuch wert. Das Restaurant Chez Pat et Gene ist eine Institution, die gekühlten Rosé zu Fischtatar und Grillwürstchen bietet.

Route Leoube | Parkplatz 10 €

Übernachten

Ruhig im Maurenmassiv
VILLA NAÏS

Im Bergmassiv Les Maures, inmitten eines 3 ha großen Parks liegt die freundlich eingerichtete Villa mit fünf unterschiedlich großen Zimmern. Zu hören ist hier nur das Gezirpe der Zikaden. Das Frühstück wird auf der Terrasse serviert, Marmeladen und Joghurts sind hausgemacht. Es gibt einen Pool.

1568, route de Martegasse (6 km Richtung Hyères und D 98 Richtung Saint-Tropez) | Tel. 04 94 71 28 57 | www.villanais.com | 5 Zimmer | €€€

MASSIF DES MAURES B5–D4

Für Naturliebhaber und Wanderfreunde ist das mit Esskastanien und immergrünen Korkeichen üppig bewachsene Bergmassiv Les Maures eine der schönsten Ecken der Côte d'Azur. Lange Zeit war es nur über den Seeweg zugänglich, und bis heute schlängeln sich nur schmale, gewundene Straßen durch die Berge und an der Küste entlang. Auch an sonnigen Tagen ist die Landschaft vom dunklen Grün der Wälder geprägt. »Maures« kommt vom provenzalischen Wort »mauro«, das dunkel bedeutet. Mehr als 60 km zieht sich das Mittelgebirge zwischen Hyères und Fréjus ins Hinterland hinein.

Ungetrübte Badefreuden versprechen der feinkörnige weiße Sand und das klare Wasser an der Plage de l'Estagnol.

Bis zum 19. Jh. lebten die Menschen hier von der **Korkpro-duktion** – ein aufwendiges Verfahren, da sich aus einer Korkeiche nur etwa 800 Korken herstellen lassen, und das nur alle zehn Jahre. So lange dauert es, bis sich die Rinde mit der Korkschicht erneuert hat. Diese schützt die Bäume übrigens auch bei Waldbränden, die in der Region häufig vorkommen. Heute hat die Korkindustrie an Bedeutung verloren, da Flaschenverschlüsse zunehmend aus anderen Materialien hergestellt werden.

Esskastanien werden im Massif des Maures allerdings weiterhin geerntet und zu schmackhaften Dingen verarbeitet – etwa zu süßen Brotaufstrichen oder zu kandierten Maronen. Auf etwa 900 ha werden jährlich rund 200 t Esskastanien produziert. Der Hauptort der Esskastanien-Industrie ist **Collobrières,** wo im Herbst alljährlich ein Maronenfest gefeiert wird.

Einkaufen

MERIAN EMPFEHLUNG

DIE Adresse für Maronenmus
LA CONFISERIE AZURÉENNE
Seit mehr als einem halben Jahrhundert widmet man sich hier der Verwandlung der im rohen Zustand ungenießbaren Esskastanien zu leckeren Köstlichkeiten. Im Angebot befinden sich süßes Maronenmus, kandierte Maronen, Esskastanienmehl und noch vieles mehr.

Collobrières, bd. Kœnig | www. confiserieazureenne.com | tgl. 9.30–12.30, 14–18, Sommer 9.30–12.30, 13.30–19.30 Uhr

COGOLIN C5

11 100 Einwohner

Das hübsche Städtchen ist laut einer Legende nach dem Hahn (*coq*) benannt, der sich auf dem Boot des Heiligen Torpes befand. Der Märtyrer, der zum Schutzpatron von Saint-Tropez wurde, soll nach seinem Tod auf einer Barke von Rom aus an die Côte d'Azur getrieben worden sein. Der mittelalterliche Ortskern am Fuß des Bergmassivs Les Maures lohnt einen Abstecher, vor allem für Pfeifenfreunde.

Sehenswertes

PFEIFENFABRIK COURRIEU

Das Holz für die handgearbeiteten Bruyère-Pfeifen kommt aus dem Massif des Maures. Seit 200 Jahren schon wird die Tradition der Pfeifenherstellung in Cogolin gepflegt. Man kann die Manufaktur besichtigen, die Führungen sind gratis.

58, av. Georges-Clemenceau | tgl. geöffnet

TEPPICHMANUFAKTUR

Seit 1924 werden hier Teppiche gewebt, alle sind Handarbeit. Sie liegen im Weißen Haus, im Élysée-Palast, in Versailles wie im Palast in Monaco. Die Manufaktur kann man nicht besichtigen, sich aber im Verkaufsraum ausgestellte Stücke ansehen.

6, bd. Louis-Blanc | Mo–Fr 9–12, 14–17 Uhr

GRIMAUD C5

4400 Einwohner

Mitten im Dorf befinden sich die Reste einer Festung aus dem 11. Jh., und das Dorf hat sich auch sonst seinen mittelalterlichen Charakter bewahrt. Durch seine hohe Lage spielte es bei Sarazenenangriffen eine wichtige Rolle, da es andere Dörfer warnen konnte. Der Weg zur Burg hinauf ist steil, belohnt aber mit einer tollen Aussicht. Im Dorf sind viele Häuserwände mit Bougainvillea, Glyzinien und Wein bewachsen. Man spaziert über Steintreppen und hübsche kleine Plätze mit Brunnen. Im Juli und August findet das Festival **Les Grimaldines** statt, mit Konzerten in der alten Burg und in den Gassen des Dorfes.

Essen und Trinken

Kleine Leckereien
LE PÂTISSIER DU CHÂTEAU

Gute Adresse vom Frühstück bis zur Kaffeezeit. Nicht nur die Zitronentarte ist köstlich, mittags gibt es gute Quiches und Sandwiches, die sich am besten auf dem Balkon oder der Terrasse verzehren lassen.

19, place des Aliziers | Do–Di 8–19 Uhr

Die künstlich angelegte Lagunenstadt Port Grimaud ist von zahlreichen Kanälen durchzogen, sodass jeder mit seinem Boot direkt vor die Haustüre fahren kann.

PORT GRIMAUD D5

Ursprünglich breitete sich hier ein Sumpfgebiet aus, bis Mitte der 1960er-Jahre ein Feriendorf in Form eines provenzalischen Mini-Venedigs gebaut wurde. Heute gibt es etwa 2500 Unterkünfte in der Anlage, die mit ihren farbenfrohen Häusern wie ein typisches Mittelmeerdorf wirkt. Zwischen den Häusen verlaufen 7 km Wasserwege, auf denen man sich mit kleinen Booten fortbewegt. In der Kirche **Saint-François**, die an eine mittelalterliche Festungskirche erinnert, finden sich Glasfenster des Künstlers Victor Vasarely. Auf dem Marktplatz werden Bootstouren durch die Kanäle angeboten.

Essen und Trinken

Speisen am Kanal
LA TABLE DU MAREYEUR

Die Tische stehen im Sommer an einem der kleinen Kanäle auf einer mit Blumen hübsch bepflanzten Terrasse. Das Restaurant serviert Meeresfrüchte und Fischgerichte.
10–11, place des Artisans | Tel. 04 94 56 06 77 | Mitte März–Okt., wechselnde Öffnungszeiten | €€

SAINTE-MAXIME D4

13 500 Einwohner

Der familiäre Badeort zieht Urlauber vor allem wegen der 11 km langen Sandstrände an. Es geht hier deutlich volkstümlicher zu als im benachbarten Saint-Tropez. Wer Sport treiben will, ist hier richtig. Man kann segeln, surfen, Wasserski oder Jetski fahren. Die beiden Hafenbecken bieten 800 Liegeplätze. Auf der Promenade Aymeric Simon-Lorière sind die Handabdrücke berühmter Sportler zu sehen.

In Strandnähe befindet sich die **Tour carrée**, eine Festung, die die Mönche der Zisterzienserabtei Le Thoronet (→ S. 200) im 16. Jh. anlegen ließen, um die Bevölkerung vor Piratenangriffen zu schützen. Der Turm hat zwischenzeitlich als Gefängnis, Schule und Rathaus gedient.

Übernachten

Oase der Stille und Entspannung
LE BASTIDON SAINT-MICHEL

Schon in den Bergen, aber noch zu Sainte-Maxime gehörend liegt inmitten der Korkeichenwälder ein steinernes Haus, in dem früher Käse gemacht wurde. Es ist eine Drei-Sterne-Unterkunft voller Charme, im Grünen, von Efeu und Wein bewachsen, umgeben von Rosen, Mimosen, Lavendel, Orangen- und Zitronenbäumen. Im üppigen Garten versteckt sich ein von Oleander umranktes Schwimmbecken. Die zehn Gästezimmer mit Terrakottafliesen sind schlicht, aber gemütlich eingerichtet.

Les Beaucas – Cd 44 | Tel. 04 94 43 72 95 | www.bastidon-saintmichel. fr | 5 Zimmer | €€

Essen und Trinken

Quiche und Salat
CÔTÉ JARDIN

Auf den ersten Blick wirkt es wie eine kleine Galerie. Aber wie der Name andeutet, gibt es nach hinten hinaus einen Garten. Und dort lassen sich sehr angenehm die kleinen Gerichte verspeisen, die angeboten werden. Alles ist hausgemacht, und die Portionen sind großzügig.

17, av. Georges-Clemenceau | Tel. 04 94 56 57 63 | Di–Sa | €€

FRÉJUS D4

51 500 Einwohner

Der römische Kaiser Julius Caesar war es, der der Stadt ihren Namen gab: **Forum Julii**. In römischer Zeit befand sich hier ein wichtiger Marktplatz auf der Route nach Spanien. Aus dieser Zeit sind auch heute noch zahlreiche Spuren vorhanden, etwa Reste eines Amphitheaters, das einst bis zu 10 000 Zuschauern Platz bot, eines Aquädukts und der Thermen. Bereits im 4. Jh. war Fréjus ein Bischofssitz, aber dann verlor die Stadt an Bedeutung, da ihr Hafen versandete.

Anfang des 20. Jh. bekam Fréjus den ersten Marineflughafen Frankreichs, und während des Ersten Weltkriegs wurden hier die vietnamesischen und afrikanischen Soldaten akklimatisiert, bevor sie für das koloniale Mutterland in den Kampf zogen. 2014 wurde David Rachline vom rechtsextremen Front National (heute Rassemblement National) Bürgermeister und zugleich einer von zwei Senatoren der Partei.

Die Altstadt von Fréjus lohnt einen Bummel, auch wegen der zahlreichen historischen Monumente. Tipp: Der Fréjus-Pass für 9 € erlaubt die Besichtigung der wichtigsten Sehenswürdigkeiten. Der Hafen und der Strand sind im Vergleich zu anderen Küstenorten weniger interessant.

Sehenswertes

LE GROUPE ÉPISCOPAL

Wirft man von außen einen Blick auf den Dombezirk, fallen der markante Glockenturm – unten quadratisch, oben achteckig und mit einer Spitze abschließend – und die kleine Taufkapelle ins Auge. Im Inneren der Kathedrale **Saint-Léonce** ist das doppelte Kirchenschiff bemerkenswert, wobei eine Seite romanisch und die andere gotisch geprägt ist. Ursprünglich waren es zwei verschiedene Kirchen, eine für den Bischofssitz und eine kleinere Pfarrkirche. Die mächtigen Holztüren stammen aus dem 16. Jh. Sie zeigen u. a. recht realistisch einen Sarazenenangriff. Das **Baptisterium** auf achteckigem Grundriss wurde im 4. Jh. errichtet und ist damit eines der ältesten in

Die eleganten, spitz zulaufenden Arkaden des zur Kirche Saint-Léonce gehörenden Kreuzgangs ruhen auf Doppelsäulen und geben den Blick auf den Innenhof frei.

Frankreich. In der Mitte befindet sich ein ebenfalls achteckiges Taufbecken. Die Säulen und Kapitelle stammen aus einem antiken Gebäude und sind hier recycelt.

Auch im **Kreuzgang** sind einige der Säulen wiederverwendet. Manche wurden etwa dem Podium des antiken Theaters entnommen und hier verbaut. Die bemalte Holzdecke – eine ungewöhnliche Dekoration für Kreuzgänge – stammt aus dem 14. Jh. Ursprünglich gab es rundum zwei Etagen, aber die obere Etage ist nur am Nordflügel erhalten.

58, rue de Fleury | Tel. 04 94 51 26 30 | Di–So 10–13, 14–17, Juni–Sept. 10–12.30, 13.45–18.30, Kathedrale tgl. 8–18.30 Uhr | 6 € inkl. Führung

MUSÉE ARCHÉOLOGIQUE

Im Museum sind zahlreiche römische Fundstücke zu sehen, darunter Marmor- und Bronzestatuen, ein Mosaik mit einem Leoparden sowie ein 1970 ausgegrabener doppelgesichtiger Hermes, der zum Symbol für Fréjus wurde.

Place Calvini | Di–So 9.30–12.30, 14–18 Uhr | Eintritt 3 €

AMPHITHEATER

Vor den Toren des römischen Fréjus liegt das Amphitheater, das im 1. Jh. für die römischen Soldaten erbaut wurde und etwa 10 000 Personen Platz bot. Heute ist es Veranstaltungsort für Konzerte und Theateraufführungen.

Rue Henri-Vadon | Di–So 9.30–12.30, 14–18 Uhr | Eintritt 3 €

Übernachten

In den Weinbergen
LA BASTIDE DU CLOS DES ROSES

Das Herrenhaus im provenzalischen Stil gehört zu einem Weingut. Im angeschlossenen Restaurant gibt es einmal pro Monat Livemusik. Das Essen wird auf der Terrasse serviert. Mit Schwimmbad und Spa.

D 37, 3 km außerhalb des Zentrums | Tel. 04 94 53 32 31 | www.closdesroses.com | €€€

Essen und Trinken

Klein und familiär
A TABLE

Man isst auf der kleinen Terrasse im Schatten eines mächtigen Olivenbaumes. Das Essen wird in einer kleinen Küche gezaubert. Die Gerichte sind alle hausgemacht, etwa *poulpe en daube* (marinierter Tintenfisch).

137, rue Grisolle | Tel. 04 94 51 03 81 | Mo-Sa, in der Nebensaison nur mittags | €

SAINT-RAPHAËL D4

35 000 Einwohner

In römischer Zeit war Saint-Raphaël nur ein Vorort des Handelszentrums Fréjus. Erst mit dem Anschluss an das Eisenbahnnetz 1864 erlebte der Ort eine Blütezeit. Francis Scott Fitzgerald schrieb hier seinen legendären Roman »Gatsby«, die künftige britische Königin Elizbeth II. logierte bei den Rothschilds, und Charles Gounod komponierte hier seine Oper »Roméo et Juliette«. Aus dieser Zeit stammen das Casino (das auf den Resten einer römischen Villa steht) und die neobyzantische Basilika, doch von dem einstigen Glanz ist nicht mehr viel erhalten. Saint-Raphaël war einer der ersten Orte in Frankreich, an denen man Unterwasser-Archäologie betrieben hat.

Sehenswertes

MERIAN EMPFEHLUNG

12

MUSÉE LOUIS DE FUNÈS

Kaum einer konnte sich so schön aufregen wie der französische Schauspieler **Louis de Funès**. Seine Filme um den Gendarmen von Saint-Tropez, »Die große Sause« oder »Brust oder Keule« haben Generationen zum Lachen gebracht. Dabei hatte der Sohn spanischer Einwanderer sich jahrelang mit Nebenrollen durchgeschlagen und erlebte seinen Durchbruch erst, als er bereits 50 war. Seine Charaktere waren oft cholerisch und wenig

»Schreiben Sie sich das hinter die Ohren! – Hm, kleines Ohr. Ist schnell beschrieben!«
Louis de Funès in »Balduin der Schrecken von Saint-Tropez«

wagemutig, aber letztlich sympathisch, vielleicht auch, weil man sich als Zuschauer immer ein bisschen ertappt fühlte.

Rue Jules Barbier (gegenüber vom Bahnhof) | Tel. 04 98 11 25 80 | https://museedefunes.fr | Di–Sa 10–17, So 10–12, 14–17, Juli, Aug. tgl. 10–19, Do 10–21 Uhr |

MASSIF DE L'ESTEREL D/E4

Das rot leuchtende Gebirge (→ S. 198), das seine intensive Farbigkeit dem vulkanischen Gestein Rhyolith verdankt, war früher ein Rückzugsgebiet für Mönche und entlaufene Häftlinge – heute ziehen sich Naturliebhaber und Wanderer hierher zurück, die eine Pause von der turbulenten Küste brauchen. Der höchste Punkt des Massivs ist der **Mont Vinaigre**, der eine Höhe von 614 m erreicht. Es gibt einen biologischen Lehrpfad, auf dem man viel über die örtliche Pflanzenwelt lernen kann. Die zahlreichen Wanderwege wurden kürzlich frisch markiert, an allen markanten Punkten sind Übersichtskarten aufgestellt, sodass man dort auch spontan gut wandern gehen kann. Unterhalb des Gebirges verläuft die Küstenstraße Corniche d'Or, vorbei an vielen kleinen Badebuchten.

Die historische Aufnahme zeigt die aus rund 2000 Kriegsschiffen bestehende Flotte, die im August 1944 zur Befreiung Südfrankreichs vor der Küste lag.

DER AFRIKANISCHE D-DAY

Landung der Alliierten an der Côte d'Azur

»Nancy hat einen steifen Hals« und »Der Jäger hat Hunger« – so lauteten die verschlüsselten Nachrichten, die der britische Sender BBC am 14. August 1944 sendete. Es war der Auftakt zur Landung der Alliierten in der Provence, um die deutschen Truppen aus Südfrankreich zu vertreiben. Ein zweiter **D-Day**, zweieinhalb Monate nach dem D-Day in der Normandie. Im Unterschied zur Befreiungsaktion im Norden, an die regelmäßig große Gedenkfeiern und Hollywoodfilme erinnern, ist der Landung an der Côte d'Azur weit weniger Beachtung geschenkt worden. Dies liegt nicht zuletzt daran, dass die französischen Soldaten, die dort im Einsatz waren, zum größten Teil aus den afrikanischen Kolonien stammten.

Ursprünglich hatten die Alliierten zeitgleiche Operationen geplant, um die Wehrmacht in die Zange zu nehmen. Die Codenamen lauteten ursprünglich »Hammer« (Normandie) und »Amboss« (Côte d'Azur). Der Plan ging nicht auf, weil es nicht genügend Soldaten und Landungsboote gab. So befreiten die Alliierten im Juni zunächst die Normandie und landeten dann im August unter dem Codenamen »Operation Dragoon« in Südfrankreich. Etwa 400 000 Soldaten und je 2000 Kriegsschiffe und Flugzeuge waren an dem Einsatz beteiligt.

Die Schiffe nahmen zunächst Kurs auf Genua, um die Deutschen in die Irre zu führen. Auf der Höhe von Korsika drehten sie ab und näherten sich bei **Saint-Raphaël** der französischen Küste. In der Nacht zum 15. August bombardierten die Alliierten deutsche Stellungen. Zudem landeten Fallschirmjäger im Hinterland. Morgens um kurz vor acht erreichten die ersten Soldaten die Küste mit denselben Landungsbooten, die schon in der Normandie benutzt worden waren.

Im Unterschied zum D-Day am Ärmelkanal schien die Sonne, das Meer war ruhig. Die Kämpfe waren dennoch heftig, in den ersten beiden Tagen wurden 1300 alliierte Soldaten getötet. Doch letztlich verlief die »Operation Dragoon« schneller und besser als erwartet. Nach wenigen Tagen waren die Hafenstädte Toulon und Marseille befreit, etwa 3000 deutsche Soldaten gerieten in Gefangenschaft. Die Alliierten drangen durch das Rhonetal vor und trafen im Burgund mit den Truppen zusammen, die aus dem Norden kamen.

Viele Soldaten aus dem Maghreb und Schwarzafrika, die an der Landung in der Provence beteiligt gewesen waren, wurden anschließend nach Hause geschickt. General de Gaulle ließ kurz vor Kriegsende mehr als 15 000 Soldaten aus den **Kolonien** durch Widerstandskämpfer ersetzen. Auf diese Weise wurde die französische Armee »weißgewaschen«, und es dauerte Jahrzehnte, bis Frankreich den Beitrag der afrikanischen Soldaten öffentlich anerkannte. Präsident Jacques Chirac zeichnete am 60. Jahrestag des südfranzösischen D-Days erstmals **afrikanische Veteranen** aus.

Emmanuel Macron rief 2019 zum 75. Jahrestag dazu auf, Straßen und Plätze nach ihnen zu benennen. Wenige Monate zuvor war der letzte senegalesische Veteran gestorben, der an der Landung an der Côte d'Azur teilgenommen hatte.

Zwischen Cannes und Saint-Raphaël erstreckt sich das Massif de l'Esterel, ein Natur- und Wanderparadies mit leuchtend roten Felsen.

AUSFLÜGE UND WANDERUNGEN

AUSFLUG
Barock am Berg: Versteckte Schätze im Roya-Tal

Wer dem Trubel an der Küste entfliehen will, den zieht es in die Berge. Bis auf 800 Höhenmeter geht es hinauf durch das Roya-Tal, das immer enger und felsiger wird. Die Belohnung für die kurvenreiche Fahrt: geschichtsträchtige Bergdörfer in einer Landschaft von rauer Schönheit.

Start: Nizza **Charakteristik:** Mit dem Auto gelangt man in das Roya-Tal nahe der Grenze zu Italien **Dauer:** Tagesausflug **Länge:** Von Nizza bis Tende etwa 80 km **Einkehrtipp:** Le P'tit Chez Soi in Tende bietet Küche mit frischen Produkten, Rue Principale, Tel. 04 93 04 68 68

ITALIENISCHE VERGANGENHEIT
Der Ausflug führt in eines der Grenzgebiete Europas, die im Lauf der Geschichte mal zur einen, mal zur anderen Seite gehörten – und nicht immer dorthin, wo die Bevölkerung es gern hätte. So hatten die Bewohner des Roya-Tals, die zur Grafschaft Nizza gehörten, 1860 für die Angliederung an Frankreich gestimmt. Doch davon wollte der italienische König Viktor Emanuel nichts wissen. Schließlich lagen dort beliebte Jagdgebiete des italienischen Adels. Außerdem war es eine wichtige Verbindung vom Piemont an das Mittelmeer. Und so dauerte es noch bis 1947, bis auch das Roya-Tal französisch wurde.

OLIVEN- UND FLÜCHTLINGSDORF BREIL-SUR-ROYA
Der kürzeste Weg ins Roya-Tal führt von Nizza aus bis heute durch Italien, nämlich über das Grenzstädtchen Ventimiglia. Kaum ist man wieder auf französischer Seite, erreicht man das für seine Oliven bekannte Dorf **Breil-sur-Roya**. Es hat einen hübschen Ortskern mit farbigen Fassaden, Arkaden und einer

Die Fahrt durch das Roya-Tal führt an vielen malerischen Bergdörfern vobei. Die Ortschaft Saorge ist besonders hübsch gelegen.

barocken Kirche, Santa-Maria-in-Albis. Wenn die Sonne scheint, leuchten die bunt glasierten Ziegel des Glockenturms. Breil-sur-Roya machte in den vergangenen Jahren von sich reden, weil der Olivenbauer Cédric Herrou dort immer wieder Migranten beherbergte, die von Italien nach Frankreich kamen. Er stand mehrfach wegen Beihilfe zum illegalen Aufenthalt vor Gericht, blieb am Ende jedoch straffrei. Mittlerweile hat der Aktivist mit mehreren Migranten und Helfern eine Art landwirtschaftliche Kommune gegründet.

SAORGE, EIN DORF WIE EIN ADLERNEST

Einige Kilometer weiter talaufwärts ist das mittelalterliche Dörfchen **Saorge** spektakulär an den Berg geklebt. In dieser Lage konnte es früher hervorragend die Verbindung zwischen Turin und Nizza kontrollieren. Die Häuser, von denen einige noch aus dem 15. Jh. stammen, stapeln sich bis zu zehn Ebenen übereinander. Die gewundenen Gassen sind mit runden Kieseln aus dem Flussbett der Roya gepflastert. Saorge, die Rote, so lautet der Spitzname des Örtchens – was sich sowohl auf die terrakottafarbenen Dächer als auch auf die seit Jahrzehnten kommunistischen oder linken Bürgermeister beziehen lässt.

Von Tende aus lassen sich schöne Wanderungen ins Vallée des Merveilles unternehmen, etwa zum Bergsee Lac Long Supérieur.

13 MERIAN EMPFEHLUNG

MAKABRE MALEREI IN LA BRIGUE

Friedlich wirkt der Ort **Brigue** mit seinen leicht verfallenen Häuschen, deren Eingänge oft mit verzierten Türstürzen aus dem grünlichen Schiefer der Region geschmückt sind. Manche haben ihren Häusern auch einfach architektonische Verzierungen aufgemalt, wie es im barocken Italien modern war. Aus der Barockzeit stammen auch mehrere Altartafeln in der Kirche Saint-Martin und die höchst bemerkenswerten Wandmalereien der Kapelle **Notre-Dame-des-Fontaines**, die etwas außerhalb des Dorfes in einem Nachbartal liegt. Und die sind alles andere als friedlich. In Saint-Martin ist etwa der heilige Erasmus (rechte Seitenkapelle) zu sehen, wie er im wahrsten Sinne des Wortes ausgeweidet wird, und das auch noch mit einer Art Seilwinde.

An die Gedärme geht es auch dem gehenkten Judas in der Kapelle Notre-Dames-des-Fontaines. Ein gehörnter Teufel zieht ihm die Seele – wie in der mittelalterlichen Malerei üblich einen nackten Mini-Menschen – aus dem offenen Bauch, aus dem die Organe quellen. **Giovanni Canavesio** heißt der Hieronymus Bosch der Berge, und er stammt wohl aus dem Piemont. Er hat in der Kapelle mehr als 200 Quadratmeter mit detailreichen Illustrationen des Lebens Jesu und des Jüngsten Gerichts bemalt.

MUSSOLINIS PROTZ-BAHNHOF IN SAINT-DALMAS

Saint-Dalmas-de-Tende, einige Kilometer talaufwärts, hat ein deutlich jüngeres, aber auf seine Weise auch sehr imposantes Bauwerk zu bieten: ein extrem lang gezogenes Bahnhofsgebäude mit bis zu drei Etagen und einer neobarocken Fassade, das der italienische Diktator Benito Mussolini in Auftrag gegeben hatte. Nicht, dass ein Bergdorf einen solchen Bahnhof bräuchte – es war in erster Linie ein Statussymbol und sollte sein Revier markieren. Denn zu dieser Zeit hieß der Ort noch **San Dalmazzino di Tenda**, wie es sich noch in abgeblätterter Farbe am Gebäude auf der Seite der Gleise entziffern lässt.

TENDE IM TAL DER WUNDER

Der letzte Ort auf französischer Seite sieht aus der Ferne aus wie gestapelte Streichholzschachteln, die an die Felswand gelehnt sind. Selbst die Grabmäler auf dem örtlichen Friedhof sind aus Platzgründen mehrgeschossig. Tende ist Zielbahnhof des Train de Merveilles, einer spektakulären Eisenbahnstrecke, die in Nizza startet, – und zugleich Ausgangspunkt für Bergtouren in das »Tal der Wunder«, **Vallée des Merveilles**. Das Tal trägt diesen Namen, weil in der Nähe des Berges Mont Bégo (2872m) etwa 40 000 Felsgravuren aus der Bronzezeit gefunden wurden. Manche lassen sich auf einer Wanderung mit einem Bergführer vor Ort betrachten. Einen guten Überblick gibt aber auch das **Musée des Merveilles** in Tende. Es zeigt, wie die Menschen der Frühzeit stilisierte Stiere und Ackergeräte, aber auch Köpfe und Figuren in den Stein geklopft haben.

PANORAMA-RÜCKWEG ÜBER SOSPEL

Um wieder zurück an die Küste zu kommen, bietet sich die Rückfahrt durch das Nachbartal des Flusses Bévéra an, das von Eichen, Zypern und Olivenbäumen bewachsen ist. Im Ort **Sospel** überspannt eine malerische Brücke mit einem Wehrturm den Fluss. Sie stammt aus dem 14. Jh., war 1944 beim Rückzug der deutschen Truppen zerstört und später mit den Originalsteinen wieder aufgebaut worden.

Blick auf die am südlichen Ufer der Île Saint-Honorat liegende Festung, die von den Mönchen der Abtei von Lérins zum Schutz ihres Klosters errichtet wurde.

14 MERIAN EMPFEHLUNG

AUSFLUG

Insel der Seligen und Oase der Ruhe: Île Saint-Honorat

Stille Pinienwälder und guten Wein – das gibt es auf der Klosterinsel Saint-Honorat in der Bucht von Cannes. Die Überfahrt auf der klostereigenen Fähre dauert nur 20 Minuten, und doch fühlt man sich weit weg von der Croisette.

Start: Cannes **Charakteristik:** Ein ungewöhnlicher Bootsausflug zu einer winzigen Insel, die von 20 Mönchen bewohnt und bewirtschaftet wird **Dauer:** Tagesausflug **Länge:** Die Insel lässt sich in etwa einer Stunde zu Fuß umrunden **Einkehrtipp:** Im einzigen Restaurant der Insel, La Tonnelle, sollte man rechtzeitig reservieren. www.cannes-ilesdelerins.com/fr/restaurant-la-tonnelle

EINES DER ÄLTESTEN KLÖSTER DES WESTENS

Eigentlich suchte er Ruhe und Einsamkeit, der heilige Honoratus. Er hatte sich zunächst in eine Höhle im Esterel-Massiv bei Fréjus zurückgezogen und dann die kleine Insel in der Bucht von Cannes für sich entdeckt. Doch seine Anhänger folgten ihm – und so wurde aus der Einsiedelei im 5. Jh. bereits eine bedeutende Klostergemeinschaft, aus der viele Bischöfe hervorgingen. Im 12. Jh. hatte die **Abtei von Lérins** etwa 100 Niederlassungen im Mittelmeerraum von Spanien bis Italien.

Ruhe suchen auch heute viele Besucher, die auf die Insel kommen. Kaum ist die rote Fähre wieder weggetuckert, hört man nur noch Vogelgezwitscher und das Meer in den kleinen Felsbuchten. Ein Spazierweg führt unter duftenden Zypressen und Eukalyptusbäumen einmal rund um die Insel, vorbei an mehreren Kapellen bis zur mittelalterlichen Klosterfestung.

TRUTZIGE FESTUNG

Immer wieder hatten Piraten die Insel im Mittelalter überfallen, sodass die Mönche zusätzlich zu ihrem Kloster eine zinnenbewehrte **Festung** direkt am Ufer bauten. Von dort aus konnten sie Notsignale an die Festung Le Suquet in Cannes senden, die ebenfalls zum Kloster gehörte. Der Eingang lag 4 m über dem Boden, sodass man nur mit einer Leiter hineinkam. Heute gibt es zum Glück eine Treppe.

Im Inneren ist ein doppelstöckiger gotischer Kreuzgang erhalten. Die Kapelle in der oberen Etage hat zwei Türen: eine niedrige, durch die die Mönche symbolisch mit gesenktem Kopf als Büßende hineingingen, und eine normale, durch die sie nach dem Gottesdienst aufrecht wieder hinausgingen. Von der Terrasse hat man einen wunderbaren Blick auf die Insel, das Meer und je nach Wetter die schneebedeckten Gipfel der Alpen.

REVOLUTION UND NEUBEGINN

Wie fast alle Klöster wurde auch die Abtei Lérins während der Revolution geschlossen und enteignet. Im 18. Jh. ließ Napoleon Bonaparte auf der Insel steinerne Öfen errichten, in denen Kanonenkugeln innerhalb von zehn Minuten auf 1000 Grad erhitzt werden konnten, um damit feindliche Schiffe in Brand zu setzen. Später gelangte eine Schauspielerin der Pariser Comédie Française in den Besitz der Klosterfestung und wandelte sie in Wohn- und Empfangsgebäude um.

Erst Ende des 19. Jh. kaufte der Bischof von Fréjus die Insel zurück, um dort erneut eine **Klostergemeinschaft** zu gründen. Auf den Überresten der mittelalterlichen Bauten wurde ein neues Kloster im neoromanischen Stil errichtet. Auch der Architekt Eugène Viollet-le-Duc, der Notre-Dame in Paris vor dem Verfall gerettet hatte und fantasievoll mittelalterliche Architektur nachahmte, war beteiligt und setzte der Klosterfestung einen kleinen Glockenturm auf.

KLOSTERLEBEN HEUTE

Heute leben 20 **Zisterziensermönche** aus mehreren Nationen in dem Kloster, das von Palmen umgeben im Zentrum der Insel liegt. Sie halten sich an die benediktinische Regel »Ora et Labora« (»Bete und arbeite«). Ihr Alltag beginnt um 4.15 Uhr mit dem gemeinsamen Morgengebet. Tagsüber bewirtschaften sie den 8,5 ha großen Weinberg, arbeiten im Gemüsegarten und kümmern sich um ihre Gäste.

Junge Menschen auf der Suche nach Ruhe und spiritueller Erfahrung können sich eine Weile ins Kloster zurückziehen und in Klausur gehen. Die Abtei bietet außerdem **Seminare** für gestresste Manager – gläubig oder nicht –, die sich aus dem Alltag ausklinken und sich ganz auf ihr Seelenleben konzentrieren wollen. Tagesbesucher sind zum Stundengebet mit gregorianischen Gesängen willkommen.

An den Weinreben, die man bei einem Inselspaziergang immer wieder sieht, wachsen unter anderem Chardonnay, Pinot Noir und Syrah. Etwa 8 ha bewirtschaften die Mönche, daraus stellen sie 35 000 Flaschen Wein her. Dank des günstigen Mikroklimas und der sorgfältigen Handarbeit ist es ein besonders edler **Wein**, der auch schon im Élysée ausgeschenkt wurde. Im Klosterladen kostet eine Flasche mindestens 30 €. Neben dem Wein destillieren die Mönche auch ihren eigenen **Likör** mit 44 verschiedenen Kräutern.

Die Klosterkirche bildet den Mittelpunkt der Abtei Lérins, die auf den heiligen Honoratus zurückgeht und als wichtige Keimzelle des westlichen Mönchstums gilt.

ZURÜCK MIT DER FÄHRE

Wer keine Übernachtung im Kloster gebucht hat, sollte die letzte Fähre nicht verpassen. Die rot-weißen Boote, die im Sommer stündlich hin- und herfahren, gehören übrigens dem Kloster. Die Mönche haben sich vor einigen Jahren vor Gericht ihr Monopol bestätigen lassen, um zu verhindern, dass die Insel von Besuchern überrannt wird.

Die Bootsfahrt führt an der kleinen Nachbarinsel **Sainte-Marguerite** vorbei, deren hübsche Buchten viele Badegäste anziehen. Um beide Inseln ankern bei gutem Wetter auch zahlreiche Yachten. Sainte-Marguerite verdankt ihren Namen der Schwester des heiligen Honoratus, die dort ein **Frauenkloster** gründete. Ein **Fort** aus dem 17. Jh. diente lange als Staatsgefängnis. Sein berühmtester Insasse soll elf Jahre lang der »Mann mit der eisernen Maske« gewesen sein, dessen Schicksal den Schriftsteller Alexandre Dumas beschäftigt hat. Dumas vermutete in ihm einen Zwillingsbruder des Sonnenkönigs Ludwigs XIV., tatsächlich ist seine Identität bis heute unbekannt. Einen Abstecher zur Insel Sainte-Marguerite kann man von Saint-Honorat allerdings nicht machen – dazu muss man erst wieder nach Cannes zurück und die Fähre wechseln.

WANDERUNG
Rote Berge über blauem Meer: Massif de l'Esterel

Die Farben sind es, die auf dieser Wanderung den stärksten Eindruck hinterlassen: das leuchtende Rot der Felsen und das Azurblau des Meeres, das der Küste ihren Namen gab. Der höchste Punkt des Massivs ist nur 618 Meter hoch – aber die Landschaft wirkt dennoch gebirgig.

Start: Saint-Raphaël **Charakteristik:** Wanderung durch das Esterel-Massiv mit herrlichen Aussichten – am besten mit festen Schuhen, bei gemäßigten Temperaturen **Dauer:** Tagesausflug **Länge:** Der blau markierte Rundweg um den Pic du Roux dauert etwa 2,5 Std. **Einkehrtipp:** Am Pic du Roux ist einer der schönsten Picknickplätze der Côte d'Azur

KURVEN ÜBER KURVEN AUF DER CORNICHE D'OR

Der Weg ins Esterel-Massiv führt über eine der aufregendsten **Küstenstraßen** Frankreichs (D 559), die Saint-Raphaël mit Mandelieu-la-Napoule verbindet und sich in unzähligen Kurven zwischen Felsen und Meer entlangschlängelt. Der Vater des französischen Tourismus Abel Ballif hat sie 1903 anlegen lassen und auch gleich seine Residenz dorthin verlegt. Ursprünglich war sie für Radfahrer gedacht, aber mit dem Aufschwung der Autoindustrie wurde sie mehrfach erweitert und zwischenzeitlich sogar zur Nationalstraße erklärt. In zahlreichen Filmen diente sie als Kulisse, von »Louis das Schlitzohr« mit Louis de Funès bis zu Woody Allens »Magic in the Moonlight«.

MÖNCHE UND AUSBRECHER

Dass die Berge hier so rot sind, liegt daran, dass sie aus dem hellroten Vulkangestein Rhyolith bestehen. Die Felsen sind stark zerklüftet und haben viele Höhlen. Das hat das Massiv

Ein Ausflug ins Massif de l'Esterel kombiniert Bergwandern mit Meerblick.

immer schon zu einem Rückzugsort gemacht. Ende des 4. Jh. hatte sich der Einsiedler **Honoratus** in einer Grotte eingerichtet, die Gläubige heute noch mit Blumen und Kerzen schmücken. Später versteckten sich Banditen aller Art in den Wäldern, häufig auch Ausbrecher aus dem Gefängnis in Toulon.

ERDBEERBÄUME UND AUSSICHTEN

Der Wanderweg um den Pic du Cap-Roux beginnt in der Nähe der Grotte und steigt dann zum **Col Saint Pilon** hinauf, wo sich zum ersten Mal die wunderbare Aussicht auf das Meer und die vielen Buchten der Côte d'Azur ergibt. Unterhalb liegt das Cap, das die Grenze der beiden Départements Var und Alpes-Maritimes markiert. Es geht über gut markierte Wege zwischen Kiefern und Korkeichen, dann wieder durch würzig duftende Macchia mit Rosmarin und Heidekraut. Hin und wieder findet sich auch ein sogenannter Westlicher Erdbeerbaum, dessen kuriose Früchte entfernt an Erdbeeren erinnern.

MERIAN EMPFEHLUNG

15

Auf dem Gipfel des **Pic du Cap-Roux** hilft eine historische Orientierungstafel, die umliegenden Buchten und Berge zu identifizieren – wenn man sich bei einem Picknick denn nicht einfach nur dem Genuss der mitgebrachten Speisen und des wunderbaren Panoramas hingeben will.

Die Abteikirche von Le Thoronet präsentiert sich in schlichter Erhabenheit.

AUSFLUG
Ästhetik des Schlichten: Le Thoronet

Keine Fresken, kein Bauschmuck – die Zisterziensermönche wollten sich auf das Wesentliche konzentrieren, und die Abtei Le Thoronet ist ihr Architektur gewordenes Ideal. Schlichte Formen zeichnen das Meisterwerk der Romanik aus.

Charakteristik: Die ehemalige Zisterzienserabtei Le Thoronet, die mitten in einem Eichenwald liegt, strahlt in ihrer Schlichtheit große Harmonie aus **Dauer:** Der Rundgang dauert etwa eine Stunde. **Länge:** Le Thoronet liegt etwa 15 km nördlich der A 8 in der Nähe von Le Luc **Einkehrtipp:** Le P'tit bouchon auf einem Weingut nahe der Abtei, Tel. 04 94 67 31 47, www.saintecroix-lamanuelle.com/petitbouchon/bouchon.php

RÜCKBESINNUNG AUF DAS WESENTLICHE

Die Zisterzienser waren die Radikalen unter den Mönchen, die den Prunk des Klosters von Cluny ablehnten, wo im 12. Jh. die größte Kirche des Abendlandes gebaut worden war und die Mönche immer mehr verweltlichten. Die Zisterzienser wollten zurück zur strengen **Benediktsregel** und sich allein auf Gebet und Arbeit besinnen. Der Verzicht auf Überflüssiges zeigt sich auch in der Architektur: Farben und Dekoration waren verpönt. Die Ästhetik des Schlichten war ihr Ideal, das Zusammenspiel von Form und Licht.

WEITAB IN EINEM EICHENTAL

Wie bei den Zisterziensern üblich, suchten sich auch die Gründer der Abtei Le Thornonet ein abgeschiedenes Tal, weitab von der Zivilisation. Um 1160 begannen sie dort mit dem Bau der **Abteikirche**. Das Kloster handelte mit selbst produziertem Wein und Olivenöl. Etwa 20 Mönche und mehrere Dutzend Laienbrüder, die etwas weniger beten und dafür mehr arbeiten mussten, lebten im 13. Jh. in Le Thoronet.

MINIMALISTISCHE ARCHITEKTUR

Bei einem Besuch der Klosteranlage fällt die schnörkellose Architektur sofort ins Auge. Die Abteikirche wirkt von außen fast abweisend. Erst wenn man hineingeht, entfaltet sich die Schönheit der gleichmäßigen Formen. Die leicht zugespitzten Rundbögen, die trutzigen Steinwände und die Halbkuppel über der Apsis sind noch stark romanisch geprägt. Das Licht fällt durch drei Fenster in den Chorraum und schafft in dem nüchternen Raum eine nahezu erhabene Atmosphäre. Der anschließende **Kreuzgang** hat mit seinen doppelten Arkaden und runden Öffnungen fast schon etwas Liebliches. Auf der Nordseite ist eine kuriose Waschanlage mit 16 Wasserhähnen zu sehen. Vom Schlafsaal, in dem nur der Abt einen abgetrennten Raum hatte, gibt es einen direkten Zugang zur Kirche.

MERIMÉE UND CORBUSIER

Die Blütezeit der Abtei dauerte nur zwei Jahrhunderte. Dass das Kloster so gut erhalten ist, verdankt es u. a. dem Schriftsteller und Denkmalschützer Prosper Mérimée, der im 19. Jh. die Renovierung einleitete. In jüngerer Zeit besuchte sie auch der Architekt Le Corbusier, der treffend bemerkte: »Licht und Schatten sind die Lautsprecher dieser Architektur der Wahrheit.«

Baden in der Nähe der Sommerresidenz der französischen Präsidenten: Der Strand Cabasson mit den farbenfrohen Fischerhütten liegt nördlich des Cap de Brégançon.

AUSFLUG
Wo Präsidenten Ferien machen: Cap de Brégançon

Auch Präsidenten müssen mal Urlaub machen. Dafür haben sie in Frankreich ein Inselchen mit einer alten Festung. Ab und zu dürfen Besucher sie von innen ansehen. Fort Brégançon ist auch eine Bühne, wo Präsidenten sich am Strand volksnah geben oder ausgesuchte Staatsgäste einladen können.

Charakteristik: Autofahrt zum Cap de Brégançon, der Sommerresidenz der französischen Präsidenten. Führungen nur im Internet buchbar unter https://resa.bormeslesmimosas.com **Dauer:** Tagesausflug **Länge:** Der Besuch dauert rund 2,5 Std. **Einkehrtipp:** La Tonnelle in Bormes-les-Mimosas, Tel. 04 94 71 34 84, http://restaurant-la-tonnelle.com

MÜCKENPLAGE UND MODERNES DESIGN
Frankreichs Präsident **Charles de Gaulle**, der das Fort de Brégançon erst zur Residenz ausbauen ließ, blieb nur eine einzige Nacht. Anlass war der 20. Jahrestag der Landung der Alliierten

an der Mittelmeerküste 1964. Anschließend beschwerte er sich über die Mückenplage und ein zu kurzes Bett und kam nie wieder – obwohl er die alte Festung für 30 Millionen Francs renovieren und einen Steg von der Insel zum Festland anlegen ließ.

Sein Nachfolger **Georges Pompidou** hingegen reiste gleich nach seiner Wahl mit seiner Frau Claude in den Süden. Claude war begeistert von dem alten Gemäuer, das sie umgehend mit modernem Design ausstatten ließ, u. a. mit einer Bibliothek aus Plexiglas. Und Pompidou erkannte, wie wunderbar man dort das Image eines sympathischen Präsidenten pflegen konnte, der sich auch mal beim Strandurlaub zusehen ließ.

BLÜMCHENSOFAS UND BESUCH VON HELMUT KOHL

Während die Präsidenten den Inselbesuch gerne auch als außerordentliche Wahlveranstaltung nutzten, lieferten sich ihre Gattinnen im Hintergrund einen Dekokrieg. Kaum war **Valéry Giscard-d'Estaing** an der Macht, verbannte seine Frau Anne-Aymone die meisten der neumodischen Möbel und verpasste der Festung stattdessen geblümte Sofas und Vorhänge in Apfelgrün und Altrosa. Der Präsident spielte unterdessen mit den Nachbarn Tennis. Das Paar ließ auch eine blickgeschützte Terrasse anlegen, denn der kleine Badestrand der Insel war während der Anwesenheit des Präsidenten ständig von Paparazzi auf Booten belagert. Ausgerechnet Helmut Kohl war der erste und einer der wenigen Staatsgäste, die je in die Ferienfestung der französischen Präsidenten eingeladen wurden. **François Mitterrand** bat den Bundeskanzler 1985 an die Côte d'Azur, um dort die deutsch-französische Freundschaft zu besiegeln. Dabei zählte Mitterrand zu den Präsidenten, die sich so gut wie nie in der präsidialen Sommerresidenz aufhielten, er verbrachte seine Ferien lieber am Atlantik.

NACKTFOTO UND SCHWANGERSCHAFT

Sein Nachfolger **Jacques Chirac** hielt sich öfter im Fort Brégançon auf, auch wenn er zugab, sich dort zu langweilen und vor allem seiner Frau Bernadette zuliebe dorthin kam. Er wusste auch um die Wirkung der Bilder, die ihn beim Besuch der Sonntagsmesse und beim Mimosen-Fest zeigten. So hilfreich die Präsenz der Fotografen beim Bad in der Menge war, so unliebsam konnte sie sein, wenn der Präsident sich fälschlicherweise unbeobachtet fühlte. So kam es, dass Chirac eines morgens fotografiert wurde, als er unbekleidet am Fenster stand und mit einem Fernglas einen Hubschrauber auf der Yacht des Rennfahrers Michael Schuhmacher beobachtete. Zu seinem Glück gab es damals noch keine sozialen Netze, und die Bilder wurden nie veröffentlicht.

Im Umgang mit den Paparazzi hatte **Nicolas Sarkozy** Erfahrung – er spannte sie immer wieder zu seinen Zwecken ein, nicht zuletzt bei seinen Besuchen in Fort Brégançon. Eigentlich lag ihm nicht viel an der alten Festung, er verbrachte seinen Sommerurlaub lieber in der Residenz der Schwiegermama, der Mutter von Carla Bruni, im knapp 20 km entfernten Cap Nègre. Aber ab und zu kam er doch, um sich etwa beim Radfahren oder beim Joggen fotografieren zu lassen. Oder, um mit der schwangeren Carla wie zufällig am Strand zu posieren.

BESUCHERSTRÖME UND STREIT UMS SCHWIMMBAD

Wenn heute Besucher das Innere des Fort Brégançon erkunden können, so haben sie dies **François Hollande** zu verdanken. Der mochte die Sommerresidenz nicht besonders und nutzte sie vor allem, um dort Geschenke ausländischer Staatsgäste aufzubewahren, etwa ein Teeservice des chinesischen Präsidenten Xi Jinping. Überraschend kündigte er an, das Anwesen für Besucher zu öffnen, und löste damit einen großen Andrang aus.

Sein Nachfolger **Emmanuel Macron** hingegen nutzt das Fort Brégançon gern als Zweitwohnsitz und verbringt dort seinen Sommerurlaub ebenso wie die Weihnachtstage. Macron hat ein Faible für geschichtsträchtige Orte in Frankreich, und er liebt es, ausländische Staatsgäste an anderen Orten als immer nur im Élysée zu empfangen. Sowohl die britische Premierministerin Theresa May als auch der russische Präsident Wladimir Putin wurden schon an die Côte d'Azur einge-

Das mittelalterliche Fort de Brégançon ist über einen Damm mit dem Festland verbunden und dient heute den französischen Präsidenten als Sommerrefugium.

laden. Den Gästen vermittelt es den Eindruck eines ganz besonderen Verhältnisses zum französischen Präsidenten – und den Franzosen zeigt er ganz nebenbei, dass ein Präsident natürlich auch während seines Urlaubs arbeitet.

Um das Problem der unerwünschten Badefotos aus der Welt zu schaffen, ließ Macron auf der Insel ein Aufstell-Schwimmbecken aus Holz installieren – auf dem historischen Gelände durfte es nicht in den Boden eingelassen werden. Die Klatschpresse revanchierte sich mit bösen Artikeln darüber, dass der Pool 34 000 Euro gekostet habe. Der Élysée konterte geschickt und betonte, dass er nun weniger für die Bewachung des Badestrandes ausgeben müsse.

Wer von den präsidialen Gemächern genug hat, kann sich am nahe gelegenen Strand **Cabasson** niederlassen und ausruhen, an dem ein paar malerische bunte Fischerhütten stehen. Außerdem bietet sich ein Abstecher in das Örtchen **Bormes-les-Mimosas** an, das seinem Namen alle Ehre macht und während der Blütezeit der Mimosen sonnengelb gesprenkelt wirkt.

Das leuchtende Gelb und der betörende Duft
der Mimosen prägen die gesamte Küste und das
Hinterland von Fréjus bis Menton.

WISSENSWERTES

SERVICE

Anreise und Ankunft
Mit dem Auto
Bei der Anreise mit dem Auto landet man irgendwann auf der A 8, die von Aix-en-Provence bis nach Menton führt. Die Website **www.autoroutes. fr** informiert über Mautgebühren und Staus. Die Maut kann kontaktlos per Kreditkarte bezahlt werden. Alternativen sind die kurvenreichen Küstenstraßen, auf denen es im Sommer schnell voll wird. **Parken** ist an der Côte d'Azur oft eine Herausforderung. Einige Orte bieten mittlerweile Parkplätze außerhalb und Pendelbusse. In Monaco Auto zu fahren sollte man schlicht vermeiden.

Mit der Bahn
Mit dem **TGV** kommt man innerhalb von knapp dreieinhalb Stunden von Paris nach Marseille. Anschließend zuckelt der Zug kaum schneller als ein Regionalzug die Küste entlang, bietet dabei aber herrliche Ausblicke auf das Meer und die Landschaft. Bis Nizza sind es dann je nach Verbindung schon gut fünf Stunden. Für Besucher, die Zeit haben, ist die Anfahrt per Zug sehr zu empfehlen, zumal sich die Region mit öffentlichen Verkehrsmitteln gut erkunden lässt. Fahrkarten sind in der Regel etwa drei Monate vor dem Reisedatum auf www.oui.sncf zu kaufen. Die Preisspannen sind erheblich. Meistens lohnt es sich, so früh wie möglich zu buchen, vor allem auch, wenn in Frankreich Schulferien sind (https://www.education.gouv. fr/calendrier-scolaire-100148).

Mit dem Flugzeug
Der Flughafen Nice-Côte d'Azur wird von verschiedenen Airlines angeflogen. Um vom Flughafen ins Zentrum zu gelangen, nimmt man die Busse 98 oder 99.

Auskunft
In den touristischen Orten gibt es überall ein Office de Tourisme, häufig am Bahnhof oder zentral gelegen. Dort gibt es Stadtpläne und Wanderkarten sowie Faltblätter zu den wichtigsten Sehenswürdigkeiten.

Atout France – Französische Zentrale für Tourismus
www.rendezvousenfrance.com

Comité Régional du Tourisme Riviera-Côte d'Azur
www.cotedazur-tourisme.com

Var Tourisme
www.visitvar.fr

Office de tourisme de Monaco
www.visitmonaco.com

Buchtipps

Agatha Christie: Der blaue Express (Atlantik, 2018). Eine Millionärstochter fährt mit dem legendären Train bleu von London nach Nizza und wird wegen eines wertvollen Rubins ermordet. Zum Glück war auch Meisterdetektiv Hercule Poirot mit an Bord.

F. Scott Fitzgerald: Zärtlich ist die Nacht (Diogenes, 2007). Inspiriert von der damaligen Partyszene am Cap d'Antibes, an der auch der Autor teilhatte, schreibt Fitzgerald in seinem autobiografisch geprägten Roman über das sinnentleerte Leben und Leiden des amerikanischen Geldadels an der Côte d'Azur der 1930er-Jahre.

Erika und Klaus Mann: Das Buch von der Riviera (rororo, 2004). Das reiselustige Geschwisterpaar besucht die Côte d'Azur und schreibt dabei alles auf, »was nicht im Baedeker steht«.

Françoise Sagan: Bonjour Tristesse (Ullstein, 2005). Als das Werk der 18-Jährigen 1954 erschien, war die von ihr innerhalb weniger Wochen verfasste Geschichte von Liebe und Langeweile am Meer ein Skandal, wurde jedoch schnell zu einem Bestseller. Sie vermittelt das Lebensgefühl an der Riviera.

Patrick Süskind: Das Parfum (Diogenes, 2006). Seit dem Erscheinen 1985 ist der Roman mit dem Untertitel »Die Geschichte eines Mörders« ein Millionenerfolg. Der absolute Geruchssinn führt einen jungen Mann nach Grasse und wird ihm – und jungen Damen – zum Verhängnis.

Manfred Flügge: Das flüchtige Paradies: Künstler an der Côte d'Azur (Aufbau, 2008). So ging es in Sanary-sur-Mer zu, als das kleine Fischerdorf zur Hauptstadt der deutschen Exil-Literatur wurde, in der u. a. Thomas Mann und Lion Feuchtwanger lebten.

Fritz J. Raddatz: Nizza mon amour (Arche, 2010). Es ist Liebe auf den ersten Blick, die zwischen dem eloquenten Feuilletonisten Raddatz und Nizza, der Stadt am Mittelmeer, entbrennt. Auch wenn Raddatz bisweilen ein bisschen nörgelt, beschreibt er die Stadt und seine Ausflüge zum Nachspazieren jedoch liebevoll und schön.

Christine Cazon: Mörderische Côte d'Azur (Kiepenheuer & Witsch, 2014). In Cannes wimmelt es vor Fotografen, Journalisten und Filmstars, als während einer Pressevorführung für seinen neuen Dokumentarfilm der berühmte Regisseur Serge Thibaut ermordet wird. Ein Krimi, der hinter die Kulissen der Filmfestspiele führt – und Auftakt einer Serie mit mittlerweile sechs Bänden.

Diplomatische Vertretungen
Deutsches Konsulat
81, rue de France | 06200 Nizza | Tel. 04 93 83 55 25 | Di, Do, Fr 8.30–11.30, Mi 8.30–14.30 Uhr

Österreichisches Konsulat
5, rue de la Préfecture | 06300 Nizza | Tel. 04 93 87 01 31 | Mo–Fr 10–12 Uhr

Schweizerisches Konsulat
50 Corniche Fleurie | 06200 Nizza | Tel. 06 37 16 21 85 | Mo–Fr nach Anmeldung

Feiertage
1. Januar Neujahr
Ostermontag
1. Mai Tag der Arbeit
8. Mai Armistice 1945 (Waffenstillstand Zweiter Weltkrieg)
Christi Himmelfahrt
Pfingstmontag (teilweise)
14. Juli Nationalfeiertag (Sturm auf die Bastille 1789)
15. August Mariä Himmelfahrt
1. November Allerheiligen
11. November Armistice 1918 (Waffenstillstand Erster Weltkrieg)
25. Dezember Weihnachten

zusätzlich in **Monaco**:
27. Januar Fest der Schutzpatronin Sainte-Dévote
19. November Nationalfeiertag (Namenstag von Rainier III.)
8. Dezember (Mariä Empfängnis)

Links und Apps
Transport
Bahn: www.oui.sncf, App Oui SNCF

Regionalzüge: www.ter.sncf.com/sud-provence-alpes-cote-d-azur/horaires/recherche
Busse: www.lignesdazur.com, App Lignes d'Azur, www.varlib.fr, App Zou
Flughafen Nizza: www.nice.aeroport.fr, App Aéroport Nice
Autobahnen: www.autoroutes.fr
Chauffeurdienst: App Uber
Private Mietautos: App Get around (früher Drivy, von privat zu privat)
Leihfahrräder: App Velo Bleu

Restaurants
Michelin: App und https://guide.michelin.com/en
Gault&Millau: App und https://fr.gaultmillau.com
Le Fooding: App und https://lefooding.com/fr

Wetter
Meteo France: App und www.meteofrance.com/accueil

Medien
Deutschsprachige Rivierazeitung: https://riviera-press.fr
Regionalzeitung Nice Matin: www.nicematin.com
Regionalsender France3: https://france3-regions.

francetvinfo.fr/provence-alpes-cote-d-azur/

Medizinische Versorgung
Bei französischen Ärzten zahlt man grundsätzlich selbst – mit Karte oder bar. Die Rechnung kann man später bei der heimischen **Krankenkasse** einreichen. Die Krankenkassen setzen dabei die Honorare an, die im eigenen Land üblich sind. Übersteigen die Behandlungskosten diesen Betrag, so muss der Reisende hierfür selbst aufkommen. Es empfiehlt sich daher der Abschluss einer **Auslandskrankenversicherung**, die diese Lücke schließt und auch Krankenrücktransporte mitversichert. Kurzfristige Arzttermine bekommt man auf doctolib.fr.
Apotheken sind am grünen Kreuz erkennbar.

Notruf
Europäische Notfallnummer: 112
Rettungsdienst: 15
Polizei: 17
Feuerwehr: 18

Post
Die **Postämter** sind oft über Mittag geschlossen. **Brief-**

marken (»des timbres«) für Postkarten und Briefe bis 20 g innerhalb Europas kosten 1,40 €. Man bekommt sie oft auch beim Kartenverkäufer oder im Tabakladen (»Tabac«, erkennbar am Logo der roten Zigarre). **Monaco** hat eigene Briefmarken, die Tarife sind identisch.

Reisedokumente

Personalausweis oder **Reisepass** müssen noch drei Monate gültig sein, Kinder brauchen einen eigenen Ausweis. Autofahrern wird die Grüne Versicherungskarte empfohlen. Das Auto muss ein Nationalitätenkennzeichen tragen.

Reiseknigge

In Frankreich wird tendenziell mehr auf korrekte **Umgangsformen** geachtet als in Deutschland. Dazu gehört, dass man in Hotels, Geschäften, Cafés etc. »Bonjour« und »Merci. Au revoir« sagt.

Im **Restaurant** wartet man, bis eine Bedienung kommt, und sagt dann, für wie viele Personen man einen Tisch möchte. In den meisten Fällen ist es sinnvoll, telefonisch zu reservieren, vor allem abends und während der Urlaubssaison. Wer einen komplizierten Namen hat, bestellt vielleicht eher unter einem Pseudonym: »Je voudrais réserver une table pour deux pour 20 h, au nom de Marie s'il vous plaît«. Außerhalb touristischer Gebiete sind die Essenzeiten von 12–14 Uhr und von 19.30–22 Uhr.

Es ist allgemein üblich, Leitungswasser zum Essen zu bestellen. Wenn man in Touristenorten nur Mineralwasser angeboten bekommt (»De l'eau gazeuse ou de l'eau plate?«), sagt man einfach »Une carafe, s'il vous-plaît«. Die **Rechnung** wird immer für den ganzen Tisch ausgestellt und üblicherweise durch die Anzahl der Personen geteilt. **Trinkgeld** lässt man bar auf dem Tisch liegen, höchstens 10 %. Die Aufmerksamkeit der Bedienung erlangt man am ehesten mit einem fragenden »S'il vous plaît?«.

Mittags wird oft eine »**formule**« angeboten, man kann beispielsweise wählen zwischen »entrée+plat« oder »plat+dessert« und zahlt weniger, als wenn man à la carte bestellt. Oft gibt es auch ein preisgünstiges **Tagesgericht** (»plat du jour«), das die Bedienung dem Gast sagt oder das auf einer Tafel steht. Ein Logo eines Kochtopfs mit einem Dach bedeutet, dass das Gericht hausgemacht ist. Grundsätzlich gilt: Je kürzer die Karte, desto besser das Essen. **Kartenzahlung** ist in Restaurants und Geschäften sehr weit verbreitet. Es ist kein Zufall, dass die vorgeschlagenen Abhebeträge an Geldautomaten bei 20 € beginnen. EC-Karten werden allerdings eher selten akzeptiert.

Ein **Café** im Stehen an der Bar kostet weniger, als wenn man sich hinsetzt. Die Preise müssen aushängen (»au comptoir«/»en salle«). Wer keinen Espresso mag, bestellt »un café allongé« (wie Filterkaffee), »un crème« (Milchkaffee) oder einen »café noisette« (Espresso mit etwas aufgeschäumter Milch). Cappuccino ist selten so gut wie im Nachbarland. »Latte macchiato« gehört außerhalb touristischer Hochburgen nicht zum Standardangebot.

FKK (»naturiste«) und »oben ohne« ist an der Côte d'Azur nicht üblich. In Badekleidung durch den Ort zu spazieren ist häufig explizit verboten. In Kirchen wird oft per Pikto-gramm um angemessene Kleidung gebeten, aber es wird weniger darauf geachtet als in Italien.

Reisewetter

Die **Sommer** an der Côte d'Azur sind nicht ganz so heiß und die Winter nicht ganz so kalt wie im Inland. Vor allem im Schutz der Seealpen beginnt der **Frühling** sehr früh, meist schon im Februar. Gelegentlich fällt im **Winter** auch Schnee, dieser taut aber für gewöhnlich im Lauf des Tages, und am nächsten Tag kann man in der Sonne sitzen. Der eiskalte **Mistral** weht bis Saint-Tropez und oft auch noch ein Stück weiter. Ab Oktober muss man mit Herbstregen und damit kühlen Tagen rechnen. Und sonst ist es wie überall: Hundertprozentigen Verlass auf Wetterprognosen gibt es nicht.

URLAUBSKASSE
Die Spannbreite der Nebenkosten ist enorm – je touristischer, desto teurer.

1 Café au lait	3,00–7,00 €
1 Glas Bier	4,00–10,00 €
1 Glas Cola	3,00–5,00 €
1 Baguette	1,00 €
Öffentl. Verkehrsmittel ab	1,50 €
Mietwagen/Tag	ab 50,00 €

Strom und Elektrizität
Wie in Deutschland beträgt
die Netzspannung 230 Volt.

Telefon
Vorwahlen
D, A, CH ▶ Frankreich 00 33
(dann die erste 0 weglassen)
Frankreich ▶ D 00 49
Frankreich ▶ A 00 43
Frankreich ▶ CH 00 41
D, A, CH ▶ Monaco 0 03 37

Verkehr
Auto
Folgende **Geschwindigkeits-
beschränkungen** gelten: Auf
Autobahnen darf man bis
130 km/h fahren, bei Nässe
110 km/h, auf Schnellstraßen
(zwei Spuren je Richtung)
110 km/h, bei Nässe 100, auf
National- und Départemen-
talstraßen 80 km/h und in
geschlossenen Ortschaften,
falls nicht anders angegeben,
50 km/h. **Bußgelder** für zu
schnelles Fahren sind hoch.
Anschnallpflicht besteht
auch auf Rücksitzen. Die **Pro-
millegrenze** liegt bei 0,5. In
der Hochsaison kommt es oft
zu Staus. **Parkplätze** sind rar
und oft teuer. Bei Hotelbu-
chungen sollte man nachfra-
gen, ob es Parkplätze gibt –
und wie viel sie kosten.

Öffentliche Verkehrsmittel
An der Küste selbst kommt
man mit Bahn und Bus sehr
gut zurecht. Der **Regionalzug** TER klappert regelmäßig
alle Orte zwischen Fréjus und
Menton ab. Das **Busnetz**
Lignes d'Azur deckt außerdem das Hinterland ab. Wer
von Fahrplänen unabhängig
sein will, kann sich bei einem
der klassischen Anbieter für
Mietwagen oder über die
App Getaround einen Leih-
wagen mieten. In Nizza und
Umgebung kann man (teils
elektrische) **Fahrräder**, Vélos
bleus, leihen.
Es gibt zwei spektakuläre **tou-
ristische Bahnlinien**, den
Train des Merveilles, der sich
von Nizza durch die Berge
nach Tende hinaufwindet,
www.tendemerveilles.com/
train-des-merveilles.html,
und den Train des Pignes, der
von Nizza nach Digne-les-
Bains fährt, auf dem zeitweise
eine Dampflok eingesetzt
wird (www.traindespignes.fr).

Zoll
Reisende aus **Deutschland**
und **Österreich**: www.zoll.de
und www.bmf.gv.at/zoll
Reisende aus der **Schweiz**:
www.zoll.ch

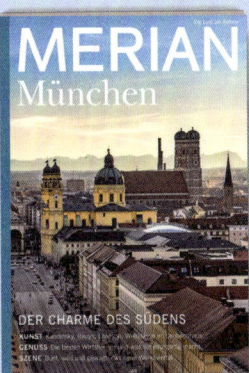
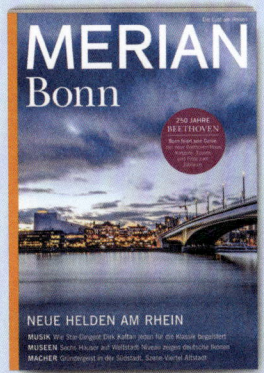
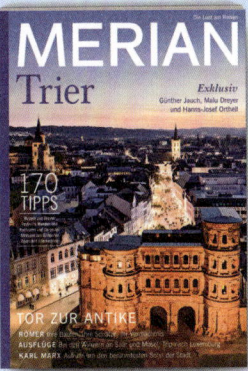
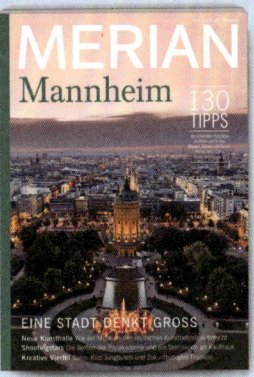

um 600 v. Chr.

Griechische **Handels-
seefahrer** siedeln sich
in Marseille, Nizza und
Antibes an.

7–6 v. Chr.

Kaiser Augustus unterwirft
Dutzende Stämme beim Al-
penfeldzug. Als Siegeszei-
chen wird in **La Turbie** die
Trophée d'Auguste gebaut.

Julius Caesar erobert Gal-
lien und siedelt römische
Veteranen in **Fréjus** an.

58–49 v. Chr.

Der **hl. Honoratus** gründet
auf einer Insel vor Cannes
→ S. 194 eines der ersten
Klöster des Abendlandes.

410

9/10. Jh.

Arabische Volksgruppen (Sarazenen) unternehmen Eroberungsfeldzüge in Südfrankreich. Im bergigen Hinterland entstehen Schutzsiedlungen: »villages perchés« → S. 24.

um 1300

Die genuesische Familie Grimaldi baut ihre Herrschaft über **Monaco** auf.

Wilhelm von Arles besiegt die Sarazenen und gründet die Grafschaft **Provence**.

972

1388

Im Zuge eines Thronfolge-
kriegs in der Provence fällt
Nizza an **Savoyen** und wird
italienisch → S. 78.

1793

Nizza und Monaco wer-
den französisch und bil-
den das **Département
Alpes-Maritimes**.

Monaco wird
Fürstentum.

1454

Napoleon kommt aus dem Exil
auf Elba zurück und landet im
Golf von Juan, um Richtung Paris
zu ziehen. Dies war der Beginn
der »Herrschaft der 100 Tage«.

1815

1861

Der Fürst von Monaco verkauft **Menton** und **Roquebrune** an Frankreich.

1860

Nach einer Volksabstimmung gehört die **Grafschaft Nizza** wieder zu Frankreich – Dank Italiens für die französische Unterstützung gegen Österreich → S. 78.

1864

Nizza wird an die Eisenbahnlinie aus Paris angeschlossen. Das bedeutet einen Aufschwung für den **Wintertourismus**, vor allem aus England → S. 66.

1922

Der »**Train bleu**«, ein neuer Luxus-Zug von London an die Côte d'Azur, wird eingeweiht.

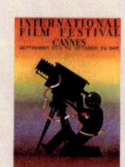

1946

Erste **Filmfest-spiele** in Cannes.

Deutsche Truppen besetzen die Riviera. Im November versenkt die **französische Marine** in Toulon ihre eigene Flotte, damit sie nicht in deutsche Hände fällt.

1942

Alliierte Verbände landen an der Côte d'Azur und nehmen Toulon, Marseille und Nizza ein → S. 186.

1944

1956

Fürst **Rainier III.** von Monaco und die amerikanische Schauspielerin **Grace Kelly** heiraten.

2001

Der **TGV** verbindet Paris und Marseille in dreieinhalb Stunden.

Der **Flughafen** Nice-Côte d'Azur wird eröffnet.

1962

Die **A8** schließt die Region an das französische und italienische Autobahnnetz an. Anhaltender Bauboom, die Côte wird zum Massenreiseziel.

1980

2005

Fürst **Albert II.** über-
nimmt die Regierungs-
geschäfte nach dem Tod
seines Vaters Rainier III.

2020

Die weltweite **Corona-Pandemie**
hat auch Frankreich fest im Griff.

Bei einem **Attentat** auf der
Promenade des Anglais in
Nizza kommen 86 Men-
schen ums Leben.

2016

BILDNACHWEIS

Titelbild (Hausfassade in Menton), Getty Images: EyeEm/Henry Lindahl
akg-images: Rainer Ehrt 20; Paul Almasy Klappe hinten | Alamy Stock Photo: Inge Johnsson 59 | AWL Images: Jon Arnold 17; Neil Farrin 69 | Bildagentur Huber 147; S. Raccanello 159 | Bridgeman Images: AGIP 106; The Stapleton Collection 152 | dpa Picture-Alliance: Geisler-Fotopress/Regina Wagner 40; Uwe Gerig 140 | F1online 150, 200 | gemeinfrei 78, 186, 217 o., 217 u., 218 | Getty Images: Bloomberg/Marlene Awaad 84; De Agostini 44; iStockphoto/Fotoluminate LLC/Raul Rodriguez 3 o.; Rue des Archives/Collection Poolevorde 220 r.; The Image Bank 25 | Huber Images: Frank Lukasseck 104, 110; Hans-Peter Huber 36; Matteo Carassale 148; Paolo Evangelista 13; Susanne Kremer 62, 65 | Image source: ecomedia/robert fishman 74, 135 | Interfoto 57; Library of Congress/Mary Evans 219; Universal History Archive/UIG 66 | laif: Contrasto/Archivio GBB 18; hemis.fr/Camille Moirenc 6/7, 43, 77, 82, 109, 113, 126; hemis.fr/Laurent Giraudou 116; hemis.fr/Sylvain Sonnet 188/189; hemis/Michel Cavalier 162; Le Figaro Magazine/Franck Prignet 81; Rapho 133; REA/Expansion/Chatin 97; Rebecca Marshall 94; robertharding/Sergio Pitamitz 73; Sabine Braun 168 | LOOK-foto 54/55; age fotostock 192; Hemis 47, 206/207, 224 | mauritius images: age fotostock 183; Alamy 9, 103, 120, 129; Alamy/aerial-photos.com 91; Alamy/Artepics 29; Alamy/Ciscardi Gabriel 205; Alamy/Davidzfr 125; Alamy/Keystone Press 122; Alamy/Pictorial Press Ltd 88; Alamy/PjrStamps 221; Hemis.fr 139, 202 | Roberto Bellasio auf Pixabay 165 | seasons.agency: Anthony Lanneretonne 51; Gräfe & Unzer Verlag/Klaus-Maria Einwanger 48 | SeaTops 155 | shutterstock.com: Andreas Jung 194; Anna Klyasheva 172; bumihills 197; DARRAY 39; Elena Elisseeva 98; Frederic Legrand - COMEO 222; G. Liguori 216; gori910 119; Juergen Wackenhut 199; Kirk Fisher 26; Marina VN 11, 174; proslgn 180; Rolf E. Staerk 191; Rudy Balasko 87; s4svisuals 177; Thammanoon Khamchalee 167 | Successió Miró/VG Bild-Kunst, Bonn 2020/Foto: mauritius images: Alamy/Ivan Vdovin 33 | Succession H. Matisse/VG Bild-Kunst, Bonn 2020/Foto: dpa Picture-Alliance: Rainer Hackenberg 143; Foto: laif: Le Figaro Magazine/Eric Martin 30 | Succession Picasso/VG Bild-Kunst Bonn 2020/Foto: mauritius images: Alamy/PhotoStock-Israel 130 | SZ Photo: Rue des Archives 220 l. | ullstein bild: imagebroker.net/Karl F. Schöfmann 136 | Ulrike Koltermann 5 u., 171 | Volker Glätsch auf Pixabay 5

Liebe Leserin, lieber Leser,

wir freuen uns, dass Sie sich für diesen MERIAN Reiseführer entschieden haben. Unsere Autoren und Autorinnen sind für Sie unterwegs und recherchieren sehr gründlich, damit Sie mit aktuellen und zuverlässigen Informationen auf Reisen gehen können. Dennoch lassen sich Fehler nie ganz ausschließen, zumal zum Zeitpunkt der Drucklegung die Auswirkungen von Covid-19 auf das Hotel- und Gastgewerbe vor Ort noch nicht vollständig abzusehen waren. Wir bitten um Verständnis dafür, dass der Verlag keine Haftung übernehmen kann.

Ihre Meinung ist uns wichtig. Bitte schreiben Sie uns:
GRÄFE UND UNZER VERLAG
Postfach 86 03 66, 81630 München, www.merian.de

PEFC

PEFC/18-31-506

Leserservice
merian@graefe-und-unzer.de

© 2021 GRÄFE UND UNZER VERLAG GmbH, München
MERIAN ist eine eingetragene Marke der GANSKE VERLAGSGRUPPE.

1. Auflage 2021

Bei Interesse an maßgeschneiderten B2B-Editionen:
roswitha.riedel@graefe-und-unzer.de
Bei Interesse an Anzeigen:
KV Kommunalverlag GmbH & Co. KG
Tel. 0 89/9 28 09 60
info@kommunal-verlag.de

Verlagsleitung Reise: Philip Laubach
Verlagsredaktion: Stella Schossow
Autorin: Ulrike Koltermann
Redaktion: Beate Martin, München
Bildredaktion: Dr. Nafsika Mylona
Schlussredaktion: Ulla Thomsen
Reihengestaltung: Independent Medien Design, Horst Moser, München
Karten: Huber Kartographie GmbH für Gräfe und Unzer Verlag GmbH
Satz: Ewald Tange, München
Herstellung: Renate Hutt
Druck und Bindung:
Printer Trento, Italien

GRÄFE
UND
UNZER

Ein Unternehmen der
GANSKE VERLAGSGRUPPE

CÔTE D'AZUR EN DETAIL

»Bella figura« machen oder Hauptsache, das Äußere stimmt – das ist an der Côte d'Azur eine weitverbreitete Haltung. Im Hafen von Saint-Tropez, an der Croisette in Cannes oder auf der Promenade des Anglais in Nizza sind viele Menschen unterwegs, die gern eine hübsche Fassade zeigen. Und der Wunsch nach einer hübschen Fassade besteht auch im bergigen Hinterland, etwa im Dörfchen Brigue im Roya-Tal. Dort haben die Bewohner manche Hauswand mit **Trompe-œil-Malereien** verziert, sodass es aus der Ferne aussieht, als seien Maßsteine verarbeitet worden. Diese Technik hatte sich im 16. Jahrhundert verbreitet, als italienische Künstler den Barockstil mit sich brachten. Und barocke Kirchen oder auch Hausfassaden mit illusionistischer Malerei, die Säulen und Fenster nur vorgaukeln, finden sich an vielen Orten der Côte d'Azur, wie etwa hier in **Cannes**.